LUCIEN HUBERT

SÉNATEUR

RAPPORTEUR DU BUDGET DES AFFAIRES ÉTRANGÈRES

UNE POLITIQUE COLONIALE

LE SALUT PAR LES COLONIES

POLITIQUE COLONIALE

LES COLONIES PENDANT LA GUERRE

POLITIQUE ISLAMIQUE

POLITIQUE MAROCAINE

PARIS

LIBRAIRIE FÉLIX ALCAN

108, BOULEVARD SAINT-GERMAIN, VIe

Une Politique Coloniale

LIBRAIRIE FÉLIX ALCAN

Autres ouvrages de M. LUCIEN HUBERT

L'Éveil d'un Monde, *l'œuvre de la France en Afrique occidentale.* 1 vol. in-16 (1909). . . . . **3 fr. 50**

L'Effort allemand. *L'Allemagne et la France au point de vue économique.* 1 vol. in-16 (1911). . . . . . . **3 fr. 50**

Politique extérieure. *La Jeune Turquie. La France et l'Europe. La France et le Maroc. La France et l'Allemagne. La France dans le Monde.* 1 vol. in-16 (1911). . **3 fr. 50**

L'Effort Brisé. *La Situation Economique de l'Allemagne à la veille de la Guerre.* 1 brochure in-8° (1916) . **1 fr. 25**

Avec ou contre l'Islam. 1 brochure (1912). . . *épuisée*

Politique africaine, 1 vol. in-16. . . . . *épuisé*

L'Islam et la Guerre. 1 brochure in-8 (lib. Challamel).

LU[illegible] HUBERT

SÉNATEUR

RAPPORTEUR DU BUDGET DES AFFAIRES ÉTRANGÈRES

Une Politique Coloniale

Le Salut par les Colonies

Politique Coloniale.
Les Colonies pendant la Guerre.
Politique Islamique.
Politique Marocaine.

PARIS

LIBRAIRIE FELIX ALCAN

108, BOULEVARD SAINT-GERMAIN, 108

1918

INTRODUCTION

Sous le titre : Une politique coloniale, *j'ai réuni dans ce volume une série d'articles et d'extraits de rapports parlementaires, écrits au cours de la guerre.*

Par cette sorte d'intuition supérieure, que seuls connaissent les peuples marqués du sceau de la grandeur et qui s'appelle le génie national, grâce aussi à la clairvoyance et à l'audace de quelques hardis réalisateurs, en dépit d'une opinion publique et de gouvernements longtemps indifférents à la cause coloniale, la France s'est assurée dans le monde une place admirable.

Jusqu'ici, la grandeur de l'entreprise et la gloire qui en résultait avaient frappé nombre d'esprits, mais son utilité immédiate n'apparaissait pas clairement à tous.

La guerre aura sans doute accompli le miracle heureux d'ouvrir les yeux les plus obstinément fermés.

Le pays a enfin conscience des admirables possibilités de son empire d'outre-mer. Il faut qu'il exige désormais de ses gouvernants une politique coloniale conforme à ses intérêts. Par elle seule, d'ailleurs, il assurera, au lendemain de la lutte, son prompt relèvement économique.

Je me permets d'indiquer ici très modestement quelques-unes des bases essentielles de cette action. Vingt ans de propagande au Parlement et dans la Presse m'en donneraient le droit, si les circonstances actuelles ne m'en faisaient un devoir.

L. H.

LIVRE I

POLITIQUE COLONIALE

I

L'UTILISATION RATIONNELLE DE NOTRE DOMAINE COLONIAL

La guerre actuelle aura appris, je l'espère, à ne plus considérer les questions sous leur angle le plus étroit, mais, de haut et dans leur ensemble. Notre politique intérieure comme notre politique extérieure ont été comme vivifiées par le large souffle venu du front. Il faut en finir avec ces idées mesquines, ces querelles de clochers ou de boutons, ces méthodes désuètes et cette absence d'envergure dans les efforts des particuliers aussi bien que dans ceux de l'Etat.

Notre politique coloniale malgré un caractère d'indépendance plus marqué était cependant avant la guerre trop frappée de cette indigence qui anémia tant d'œuvres de notre pays. Jusqu'ici, à part quelques brillantes exceptions, elle ne fut pas autre chose que la mise en pratique du principe des « petits paquets ». Des esprits aventureux avaient caressé de vastes espoirs d'organisation mais ces plans ne furent qu'en partie réalisés, car si d'aucuns virent grand en matière coloniale, combien d'autres ne marchèrent que contraints par la force même des choses.

*
* *

Lambeau par lambeau, de 1875 à 1905, s'est constitué notre grand domaine colonial. L'acquisition de nos territoires d'outre-mer s'est faite presque malgré l'opinion publique, et leur mise en valeur s'est, elle aussi, ressentie de cette absence de méthode et de vues d'ensemble qui en caractérisa la conquête. On a tâtonné pour doter d'un régime administratif adéquat nos diverses colonies. L'organisation de l'Algérie n'a-t-elle pas maintes fois varié suivant les circonstances, les fluctuations de la politique intérieure métropolitaine et les conceptions des dirigeants de la France en matière coloniale. Tour à tour, l'Algérie a été un vaste camp militaire, un royaume arabe, une réunion de simples départements français et un organisme mixte doté de la

« personnalité civile » et d'un « budget spécial » dont l'essor a été entravé par les multiples liens d'une législation par trop métropolitaine.

Que dire de l'organisation administrative de nos autres colonies dont les unes, la Martinique, la Guadeloupe et la Réunion, ne se différencient pas de nos départements métropolitains, et dont les autres offrent toute une gamme de systèmes allant de la commune de plein exercice du Sénégal aux indépendantes provinces des terres de protectorat, véritable mosaïque de règlements, où la législation locale est tantôt supprimée, tantôt au contraire jalousement respectée. Les régimes administratifs coloniaux sont aussi divers, aussi multiples que les races qui peuplent la grande France, sans posséder pour cela la souplesse qui justifierait la variété. Un pareil assemblage ne peut que donner lieu à des heurts et à des difficultés. La machine administrative coloniale faite de pièces « rapportées » n'avance qu'avec d'inévitables grincements. Bien plus, ce sont trois mécaniciens différents qui conduisent le char colonial ; le Ministre de l'Intérieur assure la gestion des affaires algériennes, le Ministre des Affaires étrangères a sous son obédience les protectorats tunisiens et marocains, le Ministre des Colonies règne sur toutes nos autres possessions d'outre-mer. — L'unité de politique fait, on le conçoit aisément, entièrement défaut. Dans l'Afrique du Nord, nous n'avons jamais eu en matière politique musulmane l'unité de vues nécessaire pour mener à bonne fin la tâche entreprise. Et l'islam français n'est pas confiné aux seules terres algériennes, marocaines et tunisiennes, il rayonne en Afrique Occidentale et en Afrique Equatoriale et nous le retrouvons sur la Côte des Somalis, dans les îles des Comores, dans l'Inde et, plus loin encore, dans les confins sino-tonkinois. Avons-nous élaboré un plan d'ensemble de politique musulmane, en avons-nous les moyens, en avons-nous constitué les organes ? Et, en ces heures tragiques, avons-nous mesuré toute l'étendue des répercussions que la guerre entraîne parmi les musulmans soumis à notre tutelle plus ou moins lointaine ?

*
* *

Le manque de coordination constaté dans les directives de notre politique coloniale, nous le retrouvons dans les questions d'économie politique coloniale. Chaque colonie ou groupe de colonies vit au point de vue économique sur lui-même pour lui-même, de là la mise en pratique de plans d'essor commercial ou industriel mesquins et étriqués. L'exemple le plus saisissant de cet état de choses est la lenteur avec laquelle l'Algérie tire profit des admirables richesses de son sous-sol comparé à l'évolution rapide de la Tunisie et dont la raison est simplement la différence de législation minière de ces deux colonies. Dans l'une, cette législation est adaptée au milieu et aux contingences locales ; dans l'autre, l'Algérie, elle reste figée dans les règles doctrinaires d'une loi napoléonienne faite pour la France en 1807.

*
* *

On a assez répété, non seulement dans les milieux coloniaux, mais encore dans le grand public, que la colonisation se faisait par le « rail ». Nous avons construit des chemins de fer coloniaux, mais avons-nous élaboré un chemin de fer ? On ne peut donner ce nom aux raccordements successifs du réseau algérien au réseau tunisien et aux pointes plus stratégiques qu'économiques du rail vers Taza et Fez. Bien plus, au Maroc l'autorité militaire construit pour l'instant des chemins de fer à voies étroites, alors qu'en Algérie et en Tunisie les voies sont à écartement normal. En Afrique Occidentale, tout un programme de voies ferrées est en cours d'exécution, mais là encore on a attaqué de tous les côtés. Le système des coups de sonde, pratique et hardi il y a dix ans, doit faire place aujourd'hui à celui de l'unité. L'Afrique, si diverse, doit tendre à réunir ses royaumes isolés, et le rail seul reste le cadre moderne de l'unification.

Le canal de Panama est terminé, deux de nos colonies sont situées d'une façon providentielle pour en tirer un grand profit, la Martinique, ou la Guadeloupe et Tahiti. A-t-on déjà préparé les voies pour l'avenir ; a-t-on ouvert de nouveaux quais ; a-t-on outillé les ports futurs.

Et pourtant, les colonies ne demandent qu'à réaliser de nouveaux progrès et qu'à prendre un développement toujours plus considérable. On a bien fondé des gouvernements généraux, véritables syndicats de colonies ; il faut aller plus loin et céer dans certaines limites et pour certains objets des syndicats de gouvernements généraux. Au lendemain de la guerre, la Métropole aura assez à faire pour se suffire à elle-même ; il sera nécessaire que les colonies s'entr'aident et puissent ainsi se passer autant que possible de l'appui financier de la mère-patrie.

*
* *

La guerre vient de prouver la solidité de l'édifice colonial. D'aucuns pensaient, avant les événements actuels, que notre domaine colonial était une construction délicate où le bambou léger remplaçait le chêne robuste, et qu'à la moindre tempête notre « maison coloniale » s'effondrerait. Il n'en a point été ainsi, et si le bambou a pu un instant plier sous la violence de la tempête, il ne s'est pas rompu grâce à sa souplesse même. Les colonies françaises ont puissamment aidé la Métropole, comme on le sait ; l'entr'aide coloniale s'est manifestée dans bien des domaines : envois de contingents militaires et d'un effectif chaque mois plus important de travailleurs coloniaux pour les usines de guerre, ravitaillement de la Métropole en multiples denrées alimentaires, riz, féculents, blés, vins, orges, arachides, produits miniers ou animaux. L'effort colonial ne s'est pas borné à seconder la Défense nationale, il est allé plus loin : comprenant à quelles difficultés financières la France devait faire face, les colonies ont mis comme un point d'honneur à ne pas alourdir le budget français déjà bien pesant. Dans le domaine financier, nos possessions d'outre-mer se sont efforcées de « tenir » et elles y sont parvenues. Certes, le premier choc a été rude, plus d'une a chancelé ; mais, peu à peu, malgré la crise des transports, le commerce s'est ressaisi et a repris, permettant à la machine fiscale de fonctionner. Bien plus, certaines de nos colonies, nos anciennes colonies sucrières, ont dû aux événements actuels une prospérité depuis longtemps oubliée.

Lorsque l'œuvre de demain commencera, lorsqu'il s'agira de « reconstruire », et cela dans tous les domaines, le rôle des colonies sera, nous pouvons dès maintenant l'affirmer, considérable. Obligés de vivre sur nos propres ressources en ne faisant appel que le moins possible à l'extérieur, nous devrons trouver dans notre domaine colonial une partie des ressources qui nous feront défaut. Les matières premières ou les produits divers que nous refusent notre sol et notre climat, nous tâcherons d'en demander le maximum à nos possessions d'outre-mer, réalisant ainsi en grand le rêve des physiocrates, de l'Ancien Régime pour qui l'homme sage devait pouvoir vivre sur sa terre des ressources de sa terre. Cette étroite union de la France et de ses colonies doit être envisagée dès maintenant. Retarder l'étude de ses modalités serait coupable, et ce n'est pas au lendemain de la guerre que nous devrons commencer à en discuter ; il faut dès maintenant faire œuvre de prévoyance. Le problème est complexe, il touche à la fois à des questions sociales et à des questions administratives ; il demande une organisation économique nouvelle et une politique financière plus large. Nous devons achever l'édifice ; les matériaux sont à pied d'œuvre, cela a été la tâche d'hier, à nous maintenant de les assembler pour élever la construction harmonieuse qui sera la grande ruche reconstruite toute bourdonnante d'activité raisonnée et où auront disparu les brèches faites par l'ennemi. Tel sera le programme de demain. Il est temps, grand temps de nous y atteler ; nous devons le faire pour nous-mêmes et en mémoire de ceux qui sont morts pour que le Pays, c'est-à-dire toutes les terres françaises, africaines ou asiatiques, américaines ou australes, vive plus puissant que jamais.

*
* *

La guerre a rendu la « question indigène » singulièrement importante. Sans être taxé d'arabophilie et d'indigénophilie, sans tomber également dans les « phobies » contraires, on ne peut nier qu'une question sociale est née aux colonies. C'est là un problème singulièrement complexe et de l'heureuse solution duquel dépendra, en grande partie, l'essor futur de nos « Nouvelles Frances ». Brusquement en quelques mois des milliers et des milliers de nos sujets indigènes ont pris contact avec notre population française en France. Les uns ont vécu de la vie du soldat français, ont maintes fois partagé ses peines, ses joies et sa gloire et sont devenus des « poilus » au même titre que les gars normands, bretons, du Nord ou du Midi, les autres embauchés comme travailleurs dans les usines de guerre vivent de l'ouvrier métropolitain, occupés aux mêmes travaux et se livrant aux heures de repos aux mêmes délassements. Ce que des années et des années de politique d'assimilation auraient pu à la fin obtenir là-bas, quelques mois ont suffi à le réaliser pour eux. Ce seront, il serait puéril de ne pas le reconnaître, des hommes nouveaux qui rentreront dans le douar arabe, dans la case africaine et dans le village indo-chinois. Tous ceux qui auront collaboré de quelque manière que ce soit à la Défense nationale reviendront plus riches non seulement de souvènirs, mais aussi de connaissances et de « culture » ; ils sauront revendiquer les droits qu'ils ont payés de leur sang et de leur labeur. et la France a contracté envers eux une dette sacrée.

Comment payer cette dette ? Tel est le redoutable problème colonial qui se pose, dès maintenant, et qu'il faut étudier avec soin en tenant compte pour chaque groupe de colonies de son développement « politique et social », de son peuplement indigène, des aspirations des populations, des besoins nouveaux engendrés par la guerre et enfin des contingences du milieu.

Il y a une autre question sociale qui me paraît jusqu'ici avoir été quelque peu laissée dans l'ombre par les pouvoirs publics compétents, je veux parler des « orphelins de la guerre », fils ou filles de nos glorieux soldats indigènes. Nous avons le devoir impérieux de venir en aide à ceux dont le foyer a été détruit du fait de la mort du père au champ d'honneur.

Le problème est double ; il comprend une partie d'assistance et une question d'éducation des orphelins. Il nous faut développer dans nos possessions d'outre-mer les écoles professionnelles et prendre dès maintenant des mesures spéciales pour en ouvrir toutes larges les portes aux orphelins de nos soldats indigènes. Nous devons donner un métier aux enfants de ceux qui sont morts pour nous, et en faisant cela nous rendrons un service considérable aux colonies elles-mêmes. Après la guerre, en effet, le manque de main-d'œuvre sera terrible en France et le peu qui en restera sera en entier accaparé par les besoins de la métropole. Il faut songer à doter nos « Frances Nouvelles » de bons ouvriers professionnels, car la lutte économique de demain sera âpre et nous aurons besoin de développer non seulement les ressources agricoles des colonies, mais leurs ressources industrielles, et il est d'un intérêt capital que nos grandes sociétés et nos grandes usines puissent être certaines de trouver là-bas une main-d'œuvre éduquée parmi les populations indigènes. L'enseignement professionnel doit donc recevoir outre-mer une vive impulsion, il faut augmenter le nombre des écoles et leur spécialité.

Une autre question « sociale » est née de la guerre : la question des mutilés. Que fera-t-on, pour les mutilés coloniaux ? Il ne faudrait pas que des éléments de trouble apparussent, que des esprits ombrageux se crussent lésés. Il importe de ne pas laisser se former par des mesures maladroites ou mesquines des malaises latents qui peuvent brusquement déterminer de graves conséquences.

Le problème de l'après-guerre n'est pas seulement un problème psychologique, c'est également un problème administratif. Jamais occasion pareille ne se rencontrera au moment de la paix de faire table rase de l'organisme administratif colonial qui craquait déjà avant août 1914 et qui est tout à fait ébranlé à l'heure actuelle. Devant les charges nouvelles qui incomberont aux colonies, il est de toute nécessité d'alléger la machine administrative et d'en moderniser les ressorts. Il y a quelques années je disais, lors d'une conférence donnée à Londres : « L'utilisation d'une colonie est d'abord un problème économique ». Or, au lendemain des hostilités, nous aurons besoin de tirer de nos terres lointaines le maximum de ce qu'elles peuvent rendre. Pour atteindre ce plein rendement dont nous avons besoin, nous trouvons-nous en présence d'une organisation administrative adéquate aux circonstances actuelles ?

Ce qui a manqué dans notre administration coloniale, c'est une direction méthodique. La gestion de notre domaine musulman d'Afrique n'est-elle pas elle-même illogique ? Il paraît étrange, pour ne pas dire plus, que l'Algérie soit administrée par le Ministère de l'Intérieur, le Maroc et la Tunisie par les Affaires étrangères et les régions islamisées de la Mauritanie par le Ministère des Colonies. De cet état de choses il résulte des heurts, des incohérences qui retardent l'essor de notre Afrique du Nord. Ce qui pouvait dans une certaine mesure s'admettre avant la guerre, n'a plus le droit de subsister maintenant. Les questions particulières, les dissensions de clocher doivent s'effacer devant l'œuvre commune à accomplir, et pour que celle-ci produise de bons résultats il faut « unifier l'Afrique française ». Nous le devons pour pouvoir pratiquer une heureuse politique musulmane ; nous le devons également pour réaliser à bref délai la réussite du plan d'expansion économique de nos terres d'outre-mer, rendue plus impérieuse que jamais du fait de la guerre.

Comment réaliser cette unification, c'est ce à quoi le Parlement doit s'efforcer de trouver la solution, tout en n'oubliant jamais, ainsi que je l'ai souvent répété, qu'unité de vues dans la politique nord-africaine n'implique pas uniformité. De nombreux projets sont en suspens ; d'aucuns parlent de la création d'un Ministère de l'Afrique du Nord ; d'autres estiment qu'il y a lieu de rattacher les Colonies à l'Algérie et constituer un Ministère de l'Algérie et des Colonies ; certains, enfin, préconisent la formation d un Sous-Secrétariat de l'Afrique française. Quelle que soit la modalité adoptée, il faut agir, car le temps presse. Il faut également mettre sur pied une nouvelle organisation du Ministère des Colonies, ministère qui se meurt comme anémié alors qu'il devrait être vivace et en pleine période d'extension afin d'affronter la lutte économique de demain. De vagues organismes vivent sans liens entre eux, sans émulation, sans réelles directives : Office colonial, Jardin colonial, Laboratoires coloniaux. Le Parlement a, du reste, fort bien compris le danger d'un pareil état de choses, et dernièrement la Commission des Affaires extérieures et coloniales de la Chambre a fait sienne une proposition de loi de M. Gratien Candace visant la réorganisation de l'Administration centrale des colonies. Mais là encore on n'a pas encore abouti à des résultats tangibles.

L'œuvre de réorganisation coloniale ne doit pas se limiter au seul domaine administratif, mais englober également les questions économiques. J'ai déjà à plusieurs reprises signalé de quelle utilité seront pour l'avenir les ressources de toute nature que nos possessions lointaines sont susceptibles de donner. J'ai également indiqué que par suite de l'appauvrissement de la proverbiale richesse de la France, notre pays devra davantage que par le passé s'efforcer de vivre sur « lui-même » des produits de son sol et de ceux de ses colonies. Il faudra donc que le développement économique de nos « Nouvelles Frances » soit poussé aussi loin que possible. Le problème de la mise en valeur des terres lointaines doit être la préoccupation primordiale des pouvoirs publics. Il nous faut concevoir et mettre sur le chantier un vaste programme de travaux d'utilité publique, compléter le réseau ferrré colonial, augmenter l'importance des ports français d'outre-mer, doter enfin l'ensemble de nos possessions d'un outillage économique approprié à l'effort que nous leur demanderons.

La mise en valeur de notre domaine colonial nécessitera tout d'abord une orientation nouvelle de notre politique financière. L'histoire de notre expansion africaine nous montre que lorsqu'une colonie côtière a été amenée à conquérir un vaste hinterland, elle n'a pu à l'aide de ses seules ressources faire face aux charges financières que réclamait la mise en œuvre du programme de travaux publics de première utilité. De là la constitution indispensable de fédération de colonies en une union offrantpour ainsi dire plus de « surface » financière, soit pour entreprendre certains travaux, soit pour obtenir le placement d'emprunts importants. Telle est la genèse de nos grands gouvernements généraux de l'Afrique Occidentale, de l'Indo-Chine et de l'Afrique Equatoriale. Ce n'est que du jour où les colonies de ces gouvernements généraux se sont « groupées » et ont pu disposer, à côté de leurs budgets locaux et comme superposées à eux, des ressources des budgets généraux, que les programmes de mise envaleur ontpu être en partie réalisés. L'expérience aprouvé que la « fédération » de colonies est un principe fécond en bons résultats.

Au lendemain de la guerre les finances métropolitaines seront largement obérées. Laissées à elles seules, nos possessions d'outre-mer, dans leur formation actuelle, ne pourront faire l'effort nécessaire. Au contraire, si le Parlement favorisait la création de nouveaux « groupements » coloniaux en leur appliquant plus ou moins complètement la formule fédéraliste qui a permis, dans un cadre plus restreint, à l'Afrique Occidentale et à l'Indo-Chine de prendre l'essor économique que l'on sait, il y aurait pour notre domaine colonial comme une certitude nouvelle de triompher des épreuves et d'être pour la mère-patrie une aide précieuse entre toutes.

L'Afrique du Nord n'aurait-elle pas un bénéfice réel à voir se créer dans certains domaines, et, pour n'en citer qu'un, dans le domaine financier, une sorte de confédération de l'Algérie, du Maroc, de la Tunisie, et pourquoi pas de l'Afrique Occidentale. N'y a-t-il pas intérêt à pratiquer une politique de coordination des efforts dans ces contrées où, par exemple, l'exploitation de la totalité des richesses minières sera d'une importance capitale et pour elles et pour la mère-patrie? Ne devons-nous pas sans tarder davantage mettre à même notre Afrique du Nord de nous donner ce que l'on a si justement dénommé les « munitions de la paix »? Il faut pour cela et d'abord qu'un réseau ferré soit plus amplement établi, réseau dont les rameaux, par où circuleront la vie économique, s'étendent dans toutes les directions en parachevant d'une façon logique la jonction des divers tronçons déjà existants, réseau qui revêtirait un caractère « impérial », c'est-à-dire d'utilité intercoloniale. Et pour en réaliser la construction n'est-il pas nécessaire de prévoir une sorte de fonds commun ? Ne peut-on concevoir qu'il faille, pour servir l'utilité générale, un instrument financier de portée générale, et croit-on vraiment que l'établissement d'une caisse commune pour travaux publics se doive nécessairement payer de l'abandon des aspirations et des besoins particuliers de chacune des colonies ainsi réunies ? Ne voit-on pas qu'au lendemain des hostilités, l'industrie et le commerce auront besoin, en Afrique du Nord comme en France, d'un crédit élargi, et qu'un organisme commun serait plus susceptible de permettre les entreprises d'ordre intercolonial, alors que les affaires locales trouveraient aide et assistance auprès des organismes locaux ?

N'aurions-nous pas également un intérêt manifeste à ne pas voir gaspiller les ressources des colonies américaines françaises, la Guadeloupe, la Martinique, à des travaux faits sans vues d'ensemble, alors que l'importance de ces possessions sera des plus grandes par suite de l'ouverture du canal de Panama ? De même il y a trop d'intérêts communs entre nos établissements de la côte des Somalis, la Réunion et Madagascar pour différer longtemps encore la formation d'un organe central de Gouvernement.

C'est en fortifiant, par les mesures administratives dont il est question plus haut, l'armature financière de nos terres lointaines que l'on pourra demander à celles-ci un effort économique de large envergure. Mais là encore il faut agir dès maintenant, et il nous paraît que ces questions devraient déjà faire l'objet d'études approfondies pour éviter que des solutions hâtives, partant inconsidérées, ne fussent prises à la dernière minute.

Enfin, il y a un problème économique qui est né de la guerre, c'est celui de la reprise du marché colonial envahi par les produits allemands. M. Deschanel, dans une préface d'un ouvrage consacré à cette question, écrivait ces lignes : « Peu « à peu les diverses contrées du globe se transfor-« maient en un vaste marché de produits austro-allemands.

« Les colonies françaises n'avaient pas échappé à « cette mainmise économique. Malgré un régime pro-« tectionniste, les produits d'outre-Rhin inondaient « chaque jour davantage nos marchés coloniaux. »

Le mouvement commercial austro-allemand dans nos possessions d'outre-mer dépassait, à la veille de la guerre, 150 millions. M. Paul Deschanel, en signalant cet état de choses, disait : « Toutes les initiatives, « tous les efforts officiels ou privés doivent tendre « au même but. Il faut stimuler l'action de nos Ins- « tituts coloniaux, de nos Chambres de Commerce, « de nos Offices coloniaux. Les pouvoirs publics « doivent favoriser le développement de notre « marine marchande, et la politique douanière colo- « niale doit être mise en harmonie avec les dispo- « sitions nouvelles qu'élaboreront les conférences « économiques des Alliés ». Des initiatives privées se sont efforcées de pallier à cette insuffisance. La Foire de Casablanca, celle de Lyon, celle de Bordeaux et celle de Fez ont montré la marche à suivre. Les Chambres de Commerce et les Instituts coloniaux ont combattu le bon combat, mais c'est insuffisant. Il apparaît utile qu'une série de mesures législatives et réglementaires soient prises pour chasser définitivement le produit allemand du marché colonial.

Dans un travail excellent, M. du Vivier de Streel signalait quel rôle important serait celui des colonies lors de l'après-guerre. Lorsqu'on dépouille le tableau des importations de l'étranger en France pour l'année 1913, on constate que sur 7.800 millions de marchandises de provenance étrangère (les produits coloniaux n'entrent pas dans ce chiffre), il y a plus de 4.700 millions comprenant des articles qui, pour la plupart, ne pourraient pas être produits dans la Métropole, mais qui peuvent tous l'être dans nos colonies. En les prenant là, nous n'aurions pas à les payer en or et nous serions assurés en même temps que l'accroissement de nos achats dans nos possessions entraînerait immédiatement une augmentation des exportations de la Métropole vers ces mêmes possessions pour une valeur à peu près équivalente, de telle sorte que nous trouverions, sur un marché privilégié, des débouchés nouveaux que nous sommes certains de ne pouvoir nous procurer avec autant de facilités et autant d'avantages sur les marchés étrangers.

La tâche à laquelle nous convie M. du Vivier de Streel est une tâche sacrée et les générations qui n'auront pas à lutter pour la défense du sol se devront de mener le bon combat pour l'expansion de la plus grande France.

∴

Il nous semble utile de jeter ce cri d'alarme et de demander que l'on veuille bien « s'occuper enfin des colonies » et cela dans notre propre intérêt. La guerre nous a, semble-t-il, appris toute une série de vérités premières ; successivement le Parlement, le grand public, le Gouvernement lui-même ont reconnu qu'il fallait des canons et des munitions, que l'ouvrier tourneur était tout aussi utile à la Défense nationale que le combattant. Actuellement on s'aperçoit que si on laissait l'agriculture française manquer de main-d'œuvre, la famine nous menacerait rapidement et en quelques mois détruirait les efforts de nos soldats et de nos marins. Demain force sera de reconnaître que nous aurons un besoin urgent des ressources de toute nature de notre domaine colonial et quand nous nous en apercevrons, peut-être sera-t-il trop tard. Prenons exemple sur nos alliés les Anglais, les premiers colonisateurs du monde. Que se passe-t-il à Londres en ce moment, à Londres maintes fois bombardée par les zeppelins, à Londres où se concentre toute la ténacité anglaise pour la lutte à outrance ? Une con férence impériale y siège, où chaque contrée de l'Empire se trouve représentée, conférence préparatoire précédant celle du mois de mars 1917 où les « Ministres » des colonies britanniques étudieront les moyens de soutenir la Métropole dans la guerre et de préparer l'œuvre de reconstitution nationale qui suivra la signature de la paix.

Pourquoi ne pas envisager à Paris, dans les limites où nos possessions le permettent, une réunion analogue ? L'empire colonial français doit être consulté sur les mesures multiples que j'envisageais au cours de ces quelques lignes. La réunion à Paris des représentants de nos possessions d'outre-mer, des délégués de chambres de Commerce, des Assemblées élues coloniales, des Ministres compétents, nous semble s'imposer. Cette conférence serait comme les premiers Etats Généraux de la France Nouvelle chargés de rédiger les « cahiers » qui serviraient à élever l'édifice que nous réclamons.

II

UN CONSEIL COLONIAL

On a, enfin, compris en haut lieu que l'on devait porter tous ses efforts à demander à nos possessions d'outre-mer le maximum de production possible. Il s'agit d'aider la Métropole à supporter le poids de la crise économique née de la longue durée de la guerre ; il s'agit, également, de préparer l'avenir.

C'est, obéissant à ces impérieux besoins, avec un programme très net de pleine mise en valeur des richesses naturelles de notre Afrique occidentale que le nouveau Gouverneur général de l'Afrique occidentale, M. Van Vollenhoven, a rejoint son poste. C'est, également, dans le même ordre d'idées et avec les mêmes préoccupations qu'en Indochine M. Albert Sarraut vient de convier les pouvoirs locaux à faire un inventaire des productions de notre domaine d'Extrême-Orient et des possibilités économiques futures.

En Afrique Equatoriale française, M. Angoulvant va s'appliquer également à mettre en valeur cet immense domaine jusqu'ici sacrifié, après avoir obtenu en France les moyens d'action indispensables.

Nous ne pouvons que nous féliciter de ces initiatives. Je ne doute pas que nos autres Gouverneurs suivent les exemples de leurs collègues, mais je crains que, là encore, nous fassions des efforts dispersés, décousus, sans homogénéité. Or, en matière d'économie politique coloniale, il y aura au lendemain de la guerre une grande œuvre d'ensemble à réaliser. Même en laissant de côté les questions de pure politique coloniale de l'après-guerre, il n'en reste pas moins certain que, par le fait des événements présents, nous nous trouvons en présence, dans nos terres lointaines, d'une série de problèmes économiques « d'ordre impérial ».

Ces problèmes sont, en effet, des problèmes « impériaux » qui dépassent le cadre de tel ou tel gouvernement général, de telle ou telle colonie ; ils intéressent l'ensemble tout entier de notre domaine d'outre-mer. Ce sont là des réalités que l'heure présente rend singulièrement importantes ; en différer l'examen serait retomber dans nos erreurs passées. Il nous faut, et je l'ai souvent répété depuis la guerre, voir grand. Après la guerre tout acte mesquin, tout geste réduit, seront des actes et des gestes steriles et mort-nés.

La politique coloniale française, et j'entends ce vocable sous son sens large, a sous la IIIe République notablement évolué. Cette évolution est double, car si peu logique que cela puisse paraître, la politique dont il s'agit se modifie vers la décentralisation d'une part et de l'autre dans le sens de la centralisation. Loin d'être en antinomie, ces deux faits se coordonnent. En effet, depuis 1895, par une action décentralisatrice les pouvoirs locaux ont été considérablement accrus, des budgets locaux et généraux ont été institués, l'ingérence de la « centrale » a été diminuée ; le « nouveau-né » qu'était notre jeune domaine d'outre-mer a été, si j'ose m'exprimer ainsi, démailloté afin que, devenu plus fort, il puisse s'ébattre sans entraves inopportunes et bien « profiter ». En même temps par une action inverse, certaines de nos « Nouvelles Frances », afin de réaliser de grands et de nécessaires programmes de mise en valeur et en vue d'avoir une « surface » financière correspondant avec leur développement présent et futur, se sont fédérées et ont constitué des grands groupes de colonies que l'on sait : union indo-chinoise, A.O.F., A.E.F. Il est hors de doute que nous serons, après la guerre, amenés à constituer d'autres fédérations » : Afrique du Nord, colonies américaines, possessions de l'Océan Indien. On devra donc compléter l'action centralisatrice.

Les circonstances présentes réclament plus que

jamais une politique économique coordonnée autant en ce qui concerne le sol de la vieille Gaule que pour les terres à peine défrichées où flotte notre drapeau. Nous avons vu où conduisaient les mesures incohérentes. Celles-ci doivent être évitées aux colonies plus qu'ailleurs car il faut se garder de fausser ces organismes jeunes, sous crainte de provoquer des déviations inguérissables. C'est pourquoi, tout en applaudissant aux efforts de tel ou tel de nos Gouverneurs Généraux, il ne faut pas se laisser leurrer : Ces efforts auront une portée infiniment moindre s'ils sont « individualisés » que s'ils font partie d'un plan d'ensemble. Il faut qu'ils soient, dans leurs grandes lignes, dirigés en vue d'un but général et constituent un tout homogène formant comme le rythme bien réglé d'un immense et fécond labeur. Le régulateur de ces efforts, semblable à un volant puissant d'une machine, ne peut être que le Ministère des Colonies. Lui seul est qualifié, en effet, pour savoir quels sont les besoins de la Métropole, quelles sont les possibilités de telle ou telle possession, et de quelle manière il y a lieu de répartir les charges et de seconder les unes et les autres.

La complète utilisation des richesses de nos terres lointaines n'est pas seulement un problème d'ordre exclusivement économique, la question comporte la résolution de problèmes administratifs et sociaux : problèmes administratifs, ceux de la constitution de nouvelles fédérations coloniales, des transports maritimes, etc... problèmes sociaux concernant les conditions nouvelles de vie pour nos indigènes qui seront démobilisés ou qui reviendront des usines de guerre, question des orphelins, des pensions, de la main-d'œuvre et de l'application des lois sociales.

On voit par ce simple exposé combien complexes sont les questions à mettre sur pied. Or il faut faire vite et autant que possible cependant, sans précipitations maladroites ou sans désastreuses lenteurs bureaucratiques. Le Ministère des Colonies, tel qu'il est actuellement constitué, est-il capable de mener à bien, à l'aide de ses seuls moyens, cette tâche ? Il appert que non.

Le Département doit être aidé et secondé dans l'œuvre dont il s'agit. Comment peut-il l'être ? C'est ce que je voudrais rechercher au cours de cette étude.

∴

Un examen rapide de la législation coloniale comparée permet de relever, dans tous les pays ayant des colonies, la présence d'assemblées particulières ou d'organismes spéciaux institués auprès des administrations centrales coloniales. L'existence de ces institutions s'expliquent par l'impossibilité où se trouve un Ministre des Colonies de posséder des connaissances universelles et de réclamer cette science générale au personnel du Département en question, qu'il s'agisse du Ministère des Colonies français, de celui de Belgique, d'Italie, du Portugal, du *Colonial Office* voire même du *Koloniamlat* allemand. En effet, la direction d'un domaine d'outre-mer est parfois entravée par l'étude de certaines questions techniques. Pour les résoudre, ilest nécessaire de faire appel soit à des techniciens, soit à des personnalités que leurs fonctions antérieures et leurs travaux personnels ont rendu plus aptes que quiconque à examiner avec le maximum de compétence désirable les divers problèmes coloniaux.

On sait qu'en France le Ministère des Colonies est secondé par de nombreux comités ou commissions, je n'en citerai que quelques-uns : commission de la législation et de la prévoyance sociale, conseil du contentieux, comité des Affaires indigènes, commission de Surveillance des banques coloniales, etc. Le *Colonial Office* dans les deux questions capitales de la colonisation anglaise, l'émigration et la propriété foncière est activement secondé par la *colonial Land and Emigration Commission.*

Le *Colonial Office* trouve également comme auprès de véritables commissions techniques tous les avis ou tous les renseignements désirables soit parmi les fonctionnaires du cadre régulier de l'Agence des Colonies de la Couronne, soit parmi les spécialistes attachés à cette institution, parmi lesquels il y a des ingénieurs conseils et des « inspecteurs », terme générique qui désigne des inspecteurs des travaux publics, de matériel pour les chemins de fer, des banquiers, des solicitors, des médecins ». Avant la guerre, le Ministère colonial allemand demandait maints avis techniques à sa « Commission Economique permanente ».

Les Comités ou les commissions de la rue Oudinot, les consultations demandées par le *Colonial Office* sont les unes éphémères, les autres ne portant que sur une question déterminée. Il n'y a pas d'organismes permanents. Au contraire dans bien d'autres pays « coloniaux », nous sommes en présence de conseils consultatifs permanents dont, dans certains cas, les avis et les conseils sont même obligatoires ; Conseil de l'Inde auprès de l'*India Office*, Conseil Colonial auprès du Ministère des Colonies de Belgique et les récents conseils coloniaux portugais ou italiens.

Il existe, dira-t-on, un conseil supérieur des Colonies en France. Je ne désire point porter la main sur ce Conseil, défunt avant d'avoir même vécu et qui se survit à lui-même. Il m'apparaît inutile de rechercher le « mystère » de cette institution. En soulevant la pierre tombale qui la recouvre, je craindrais, en effet, que l'air pur ne fasse tomber en poussière les derniers vestiges de cette ombre de Conseil.

* * *

Lorsque l'on propose d'instituer chez nous un Conseil colonial sur le modèle des Conseils coloniaux étrangers, on oublie que ces derniers n'ont à s'occuper en somme que de domaines d'outre-mer peu considérables ou d'une partie seulement des terres lointaines apartenant à telle ou telle puissance. On cite souvent, par exemple, le Conseil de l'Inde qui fonctionne auprès de l'*India Office*, mais qu'est-ce au fond que cet organisme ? Ce n'est que la transformation de la *Court of Directors* qui assistait à Londres de ses avis la « Compagnie des Indes ». C'est donc comme un Conseil d'Administration élargi.

Le Conseil colonial italien formé en 1903, gère les intérêts des possessions italiennes qui, quoiqu'accrues de la Tripolitaine et de la Cyrénaïque sont de dimensions modestes, comparées à la plus grande Angleterre et à la plus grande France. Le Conseil colonial belge n'a à ne s'occuper que des terres congolaises et l'assemblée portugaise que des possessions somme toute peu étendues où a été maintenu l'étendard de cette république.

Il apparaît donc que ces divers organismes n'ont à s'occuper que de questions intéressant soit une colonie, soit un groupe réduit de possessions ; ils revêtent le caractère de conseils locaux qui, au lieu de siéger outre-mer, siègent près des Administrations centrales. La création de semblables assemblées à Paris serait inutile car elles existent ou sont en formation dans nos grandes possessions : délégations financières en Algérie, conférence consultative tunisienne, conseils supérieurs en Indo-Chine et en Afrique occidentale. Ces institutions sont encore limitées dans leur action et voient leurs pouvoirs réduits à l'examen des questions financières, mais, par la force du temps et en présence de l'évolution fatale, les grands groupes de colonies, ces mêmes institutions verront leur rôle grandir et leur action dépasser singulièrement les limites actuelles. Nos conseils locaux se rapprochent chaque jour des conseils coloniaux étrangers que nous énumérions plus haut.

Dès que l'on étudie quelque peu les pouvoirs des conseils étrangers, il est aisé de reconnaître que ceux de nos assemblées locales sont en effet en bien des points semblables et qu'il serait facile de les assimiler tout à fait. Le Conseil colonial belge apparaît comme une assemblée de techniciens dont le rôle n'est point de légiférer à proprement parler, mais de seconder de ses avis compétents l'action administrative du département des Colonies. Ce dernier, en effet, trouve dans le Conseil colonial une institution qui met au point les textes et en contrôle l'établissement. Le contrôle dudit conseil n'est pas de la même nature que celui du Parlement. C'est ainsi que l'a exprimé le Ministre des Colonies, M. Renkin, « un contrôle juridique ». Halot Gevaert, l'écrivain belge bien connu, donne du reste la définition suivante : « Le Conseil colonial assure un double rôle d'assistance et de contrôle ».

On sait que le Conseil de l'Inde n'est au fond qu'une grande commission où s'élaborent les textes mais où aucune décision importante n'est prise. La loi de 1858 déclare, en effet, que « la manière d'employer les revenus de l'Inde soit dans l'Inde soit ailleurs, est soumis au contrôle du Secrétaire d'Etat en Conseil ». Mais comme l'a fait remarquer M. J. Chailley même après cette disposition formelle de la loi, les pouvoire financiers du Conseil ne sont pas aussi grands qu'ils paraissent ; et par suite de quelques-unes de ces subtilités ou de ces dispositions traditionnelles fréquentes en Angleterre, il est arrivé que des dépenses énormes ont pu être ordonnées par le Secrétaire d'Etat sans qu'il eût demandé le consentement du Conseil, sans même qu'il les eût porté à sa connaissance. On a pu, parexemple, décider la guerre avec l'Afghanistan, négocier avec la Russie, annexer la Birmanie sans avoir pris son avis». « Non seulement, a écrit sir John Strachey, ses membres en pareille occurence ne peuvent pas intervenir, mais ils n'ont aucun moyen à leur disposition pour obtenir sur ces questions d'autres et de plus amples informations que celles que possède le public ». L'acte constitutif du Conseil colonial italien accentue encore le caractère administratif de cette assemblée, d'après ce texte il est institué près le Ministre des Colonies un conseil colonial composé du Sous-Secrétaire d'Etat de ce Ministère, président, de divers fonctionnaires et de six autres membres de compétence reconnue nommés par décret royal. La loi du 22 mai 1903 énumère les questions pour lesquelles le Conseil précité doit être consulté et ajoute « en dehors des objets indiqués par la présente loi, ce Conseil peut être consulté sur toutes les questions concernant les colonies ». Ce n'est donc qu'une assemblée consultative et non délibérante.

Il en est de même du dernier venu des Conseils coloniaux, celui du Portugal. « Cette Assemblée, dit M. Anglio Mori dans son récent ouvrage : *I corpi consultivi dell'administratione coloniale negli stati d'Europa*, apparaît sans aucun doute comme la plus intéressante des assemblées consultatives coloniales. Il revêt par sa composition et ses attributions le double caractère d'un organe technique et d'une assemblée consultative des intérêts coloniaux. L'article 9 du décret du 30 juin 1911 qui organise le Conseil dont il s'agit fixe ainsi ses attributions : « Les attributions du Conseil Colonial sont :

De donner des avis sur les affaires coloniales et de constituer un conseil de contentieux ;

De donner des avis sur certaines questions financières et judiciaires ;

De donner des avis sur les questions douanières et sur les tarifs à appliquer ».

Le Conseil colonial portugais remplit donc un triple rôle : c'est un corps consultatif, c'est un organe technique et c'est un tribunal administratif. Il a plus d'envergure que les autres conseils étrangers mais ce n'est encore qu'un simple organe d'administration.

Ce qu'il nous faut en France, ce n'est point une institution administrative supplémentaire, c'est une assemblée vivante où, par la présence simultanée de membres pris au dehors et de fonctionnaires, les initiatives soient prises et mises au point afin d'une part d'éclairer les Pouvoirs Publics et de l'autre de surveiller que ces mêmes initiatives n'aillent pas s'enfuir dans la « concession perpétuelle » d'un carton poussiéreux et vert.

⁂

Si j'ai cru intéressant de rapidement passer en revue les Conseils coloniaux, c'est pour attirer l'attention sur ce fait que la grande majorité des puissances coloniales possède auprès de leur département ministériel des conseils où sont puisés maints avis éclairés. Pourquoi n'en existe-t-il pas en France ou plutôt pourquoi le Conseil supérieur des Colonies n'a-t-il pas donné ce que l'on attendait de lui? La raison de cet insuccès nous la trouvons justement par la comparaison de ce qui se passe à l'étranger. Tous les divers conseils que nous avons cités rendent des services précieux pour la simple raison que, dans leur constitution on a respecté un certain nombre de principes fondamentaux en la matière. Ces principes sont faciles à dégager. Tout d'abord il faut qu'un Conseil colonial soit peu nombreux pour pouvoir fonctionner avec régularité. Le Conseil de l'Inde ne se compose que de 12 membres, le Conseil colonial belge en comprend 14, celui du Portugal 19 et le Conseil italien 11. Le Conseil Supérieur des Colonies n'a pas vu limiter le nombre de ses membres ; en fait partie le « tout colonial français ». Ensuite, s'il est bon que, comme en Belgique ou en Italie, le Parlement délègue quelques-uns de ses membres dans ces assemblées, il est nuisible d'y voir entrer toute la représentation coloniale. Ceci saute aux yeux pour le Conseil Supérieur des Colonies car il est facile de reconnaître qu'il était inutile d'apporter, devant les personnalités dont se compose le Conseil Supérieur, des questions déjà soulevées avec toute l'autorité et la compétence désirables par des parlementaires soit au Sénat, soit à la Chambre, parlementaires également membres dudit Conseil.

C'est peut-être la cause de la faillite de notre Conseil Supérieur des Colonies.

Est-ce à dire que nous devons jeter le manche après la cognée. Comme je l'indiquais au début de cette étude, nous nous trouvons du fait de la guerre en présence d'un effort colonial considérable à donner. On ne peut laisser à ses propres moyens le Ministère des Colonies sans l'aider. Ressusciter le Conseil Supérieur ne serait qu'un mauvais expédient. Le réformer serait le seul procédé possible ou plutôt même il vaudrait mieux abattre cet édifice et construire une nouvelle maison, bâtie suivant les besoins modernes (1).

Le Ministère des Colonies n'a pas besoin d'organismes administratifs nouveaux, il suffit d'en modifier la composition et d'ouvrir à travers les couloirs monacaux de la rue Oudinot quelques prises d'air pur. Ceci c'est l'œuvre du Ministre. Mais, il n'y a pas urgence à créer un rouage de plus à l'administration centrale, il y a utilité à envisager comment ce même ministère pourrait recevoir des directives de la part d'une assemblée qualifiée.

Ce sont, en effet, des directives que devrait donner le futur Conseil Colonial français et non des avis. Il

(1) M. Maginot a bien réuni en juin 1917 une sorte de Conférence Coloniale dans le but déterminé d'établir l'inventaire de produits coloniaux. Ce n'est pas là l'organisme permanent indispensable.

n'aurait pas à administrer mais à signaler au Ministre les questions à étudier et à lui apporter des suggestions sur les modalités grâce auxquelles lesdites questions pourraient recevoir une heureuse solution. C'est à l'administration d'administrer et le Conseil n'aurait à faire preuve que d'une sorte de contrôle suffisant pour empêcher les bureaux de trop s'endormir. Ce serait comme le régulateur, comme le volant dont nous parlions au début de cette étude qui accélérerait la marche de la lourde machine de la rue Oudinot.

Un très grand nombre de problèmes pressent actuellement, leurs solutions ne peuvent être différées. Or, ils comportent des études longues, des connaissances qui souvent dépassent le cadre de tel ou tel service du Ministère des Colonies. Il faut apporter également des solutions à des problèmes qui touchent à la sociologie et à la science financière. Il faut en un mot adapter notre domaine colonial aux conditions nouvelles qui seront faites à notre Pays après la guerre. Tout un monde de réforme est à entreprendre. Le Ministère des Colonies ne peut pas étudier seul ces problèmes « impériaux » ; il est prêt et c'est son rôle à appliquer les conseils que l'on lui donnera mais ne peut seul formuler ces conseils.

Regardons ce qui se passe en Angleterre. Ici on a compris que les événements présents allaient changer bien des choses. Les intérêts de certaines possessions britanniques allaient être radicalement changés, une union plus intime de la Métropole et de ses terres lointaines doit être élaborée, l'entr'aide coloniale fortifiée. Et la Plus Grande Angleterre s'assemble en ce moment à Londres en une Conférence Impériale où les difficultés du présent et de l'avenir sont discutées, mises au point et souvent aplanies. Cette heureuse coutume de réunir des Conférences impériales, nous la trouvons établie en Grande-Bretagne même avant la guerre, elle était née de l'immensité même de l'Empire anglais et de la nécessité d'en coordonner les efforts.

Les colonies de *self-Government* sont au point de vue administratif indépendantes du pouvoir central et avaient cependant senti qu'elles avaient des intérêts identiques à défendre, qu'il y avait des questions intercoloniales et qu'il était obligatoire de marcher la main dans la main. Le premier contact eut lieu en 1887. En 1907 la Conférence coloniale se transforma en une Conférence Impériale. Il a paru qu'il serait avantageux pour l'Empire que la Conférence se transformât en Conférence Impériale réunie environ tous les quatre ans où seraient discutées les questions d'intérêts communs. Le premier ministre du Royaume-Uni en sera le président de droit et les premiers ministres des Dominions membres de droit. Par la force du temps et sous la pression des événements, cette conférence dont les assises sont irrégulières se mue peu à peu en un *Imperial Council of States* composé des députés des Dominions et dont le nombre serait proportionnel à celui de la population de chaque colonie. Le Gouvernement anglais devrait consulter cet *Imperial Council of States* sur toutes les questions revêtant un caractère « impérial ».

Il me semble que nous devrions constituer à notre tour ce « conseil impérial » où figureraient des délégués de la représentation coloniale, des délégués élus par les Délégations financières algériennes, par la Conférence consultative tunisienne, par les Conseils Supérieurs de nos groupes de colonies, un représentant de nos colonies américaines, un représentant de nos possessions de l'Océan Indien et enfin un délégué de celles de l'Océan Pacifique. A cette représentation les intérêts généraux qui, du reste, comprendraient des représentants des éléments indigènes devraient s'adjoindre des délégués de nos instituts coloniaux de nos grandes Chambres de commerce et des commerçants et des industriels coloniaux. En choisissant avec sûreté les membres de cette Assemblée et en limitant leur nombre, on obtiendrait l'organisme cherché qui, présidé par le Ministre, pourrait faire de la bonne besogne.

Le grand avantage de la création d'un tel conseil serait, je l'ai déjà signalé, mais ceci paraît si important que je crois devoir y insister, d'unifier nos efforts. Par la présence de représentants de l'Afrique du Nord, notre politique musulmane serait coordonnée dans toutes nos possessions et il en serait de même de notre politique économique. Il ne faut pas oublier qu'après la guerre notre régime douanier colonial puisse rester semblable au régime actuel, véritable mosaïque de décrets. Il faut que les produits algériens soient traités comme ceux de Tunisie ou que ceux du Sénégal soient sur le même pied que ceux de l'ex-bassin conventionnel du Congo. Puisque je parle du régime douanier colonial, il me semble qu'il n'est guère d'exemple plus frappant en faveur de la création du Conseil dont il s'agit. A l'heure actuelle un seul bureau au Ministère des Colonies s'en occupe pour unifier les règles, pour en harmoniser les effets il faut se concerter avec l'Intérieur, les Affaires étrangères et le Commerce. Il est impossible au bureau en question de faire œuvre générale. Ceci est l'affaire d'une assemblée qui étudie de haut ces questions avec le souci et la possibilité de faire une œuvre en harmonie avec la politique commerciale de la France et de ses Alliés et avec les nécessités propres à chacune des terres de notre domaine lointain.

Le Conseil dont j'envisage la création aurait à mettre sur pied les questions de main-d'œuvre coloniale, des pensions, de la mise en valeur du sol et du sous-sol, de l'enseignement professionnel. Tous ces travaux demandent des vues d'ensemble, il ne faut pas que le bureau de l'Océan Indien prenne des mesures en faveur des mutilés indigènes lui ressortissant par exemple alors que le service de l'Indo-Chine en prendrait d'autres. C'est chercher maints conflits si facilement évitables. Cette idée du reste a fait son chemin et ce n'est pas sans un grand sens des nécessités de bonne politique indigène que M. Maginot a obtenu que toutes les questions concernant la main-d'œuvre coloniale aussi bien celles de l'Afrique du Nord que celles venues des autres colonies soient l'apanage du Ministère des Colonies.

*
* *

Les questions coloniales avaient avant la guerre de l'importance ; elles seront après les hostilités primordiales car l'entr'aide d'outre-mer jouera un grand rôle dans l'œuvre de relèvement. Rien ne doit être négligé de ce qui peut activer l'action de nos « nouvelles Frances ». Il ne s'agit pas de décréter que leurs ressources doivent être complètement utilisées, il faut chercher les instruments divers grâce auxquels ces mêmes ressources pourront être rationnellement récoltées. Parmi ceux-ci la création d'un Conseil Colonial me semble s'imposer.

Comment cet organisme fonctionnera-t-il ? De qui pourrait-il être composé ? Quelles seront ses méthodes de travail ? Ce sont là autant de questions qu'un Ministre des Colonies doit aisément résoudre.

III

LE SALUT PAR LES COLONIES

I

Il est hors de doute qu'ayant eu à supporter le poids de plusieurs années de guerre, notre Pays n'ait, au lendemain des hostilités, à subir de graves crises économiques. Nous avons prodigué et notre sang et les richesses de notre sol ; il est maintenant du devoir de chacun de nous de rechercher les meilleures conditions d'un prompt et complet relèvement de la force économique de la France. Nous ne voulons pas devenir au lendemain de la guerre cet être malade, dont on a parfois évoqué l'image, mais, au contraire, redevenir rapidement puissants et forts sur le terrain de la lutte commerciale qui succédera à l'autre. Or, pour permettre à notre Patrie de prendre cet essor nouveau, il faut, ainsi que je l'ai déjà signalé, que la France, semblable au riche propriétaire appauvri et retiré dans son domaine rural, sache restreindre son train de vie et utiliser dans la pluslarge limite sa terre et les produits de sa terre.

Notre patrimoine national est vaste. Comme sur l'ancien domaine de Charles Quint, le soleil ne se couche jamais sur la terre française. Notre sol ne se limite pas seulement au vieux terroir gaulois ; il comprend encore, et ceci on l'oublie trop, toutes les terres lointaines où flotte notre drapeau. Il y a de par le monde toute une série de « Frances nouvelles », en Afrique, en Asie, en Amérique et en Océanie, et elles sont parties intégrantes de notre Patrie. C'est à ces Nouvelles Frances que nous pouvons demander et leurs multiples produits agricoles et les richesses de leurs sous-sols. Ainsi, tout en restant « chez nous », nous pourrions vivre pour une bonne partie sur nos terres des produits de nos terres.

La IIIe République, en dotant la France de ses belles colonies, n'a pas ajouté seulement aux 36 millions de Français plus de 40 millions de sujets ou de protégés français, mais eneore a permis de compter parmi les éléments présents ou futurs de notre puissance économique les productions de nos possessions lointaines, les mines de fer, de phosphates de cuivre de notre Afrique du Nord, les houillères tonkinoises, l'or guyanais, les essences des forêts équatoriales, richesses autour desquelles dorment les immenses forces inemployées encore de nos grands fleuves africains et l'activité à peine mise en œuvre du travail de nos sujets de toutes races. Ces ressources nouvelles sont nôtres : après les avoir conquises, la IIIe République, continuant l'œuvre interrompue par la guerre, se doit d'en faire profiter la France pour le plus grand bien de la Métropole et des colonies elles-mêmes.

Déjà, au cours des événements actuels, on sait combien l'entr'aide coloniale nous a été précieuse. Elle s'est manifestée par l'envoi de contingents indigènes dont tous nous connaissons la valeur. Elle s'est manifestée également par le recrutement d'une abondante main-d'œuvre coloniale qui est utilisée dans nos industries de guerre. Elle s'est manifestée, enfin, par l'exportation des diverses denrées que réclament toujours davantage le front et l'arrière. Grâce aux efforts de nos terres d'outre-mer, nous voyons débarquer chaque jour sur les quais de nos grands ports des vivres, des minerais et maintes matières premières nécessaires à nos fabriques et à notre vie nationale.

Bien plus, et ceci n'est peut-être pas assez connu du grand public, non seulement nos colonies collaborent activement à la grande lutte, mais encore ont su, à force d'énergie, se développer économiquement malgré la guerre. J'indique plus loin que nos possessions « ont tenu » ; elles ont fait plus, elles ont même prospéré. Tout le monde connaît l'œuvre remarquable accomplie au Maroc ; après avoir traversé une crise assez grave pour certaines, nos colonies, sortiront grandies de l'épreuve. L'Afrique Occidentale, l'Afrique Equatoriale, l'Indo-Chine, Madagascar vont reprendre leur développement économique ; les anciennes colonies retrouvent par la culture sucrière une prospérité depuis longtemps inconnue ; les plus récentes s'organisent déjà pour prendre leur part dans la lutte commerciale de demain.

L'armature de notre domaine colonial a résisté à la tempête. Tout ce qui était factice doit disparaître, comme disparaît chez le guerrier l'embonpoint inutile pour ne laisser subsister qu'une robuste musculature. Jamais situation meilleure ne se rencontrera pour le Pays d'utiliser au lendemain des hostilités le maximum de rendement dont sont capables nos nouvelles Frances. Nos colonies nous ont envoyé des bras de toutes couleurs destinés à atténuer la terrible crise de la main-d'œuvre que nous avions à surmonter. Cette main-d'œuvre nous la restituerons aux colonies, éduquée et utilisable. Grâce à elle nos possessions pourront nous faire parvenir les denrées alimentaires, blés, vins, arachides, riz, manioc, etc., qui nous permettront de supporter le contrecoup de la rupture brusque du blocus des Empires centraux ; ainsi elles nous fourniront les matières premières pour nos usines dévastées ou appauvries par les hostilités, mais surtout elles pourront, grâce à ces milliers d'ouvriers formés dans nos usines, songer enfin à leur mise en valeur intégrale dans tous les domaines. Quelle peut être la collaboration de notre riche domaine d'outre-mer lorsqu'il s'agira pour nous de « reconstruire » ? C'est ce que nous voudrions déterminer au cours de ces quelques lignes. Dès maintenant, nous devons jeter les yeux en avant, au-dessus de la mêlée, pour rechercher les meilleures conditions de l'œuvre sacrée que comportera la « convalescence française ». Nous avons trop péché par imprévoyance. Sachons organiser l'après-guerre et demandons à tous, au public comme au Gouvernement, de songer à utiliser, enfin, les richesses de nos colonies.

∴

Il ne faudrait pas conclure de ces lignes que les colonies, lorsqu'elles auront joué dans notre relèvement économique le rôle que j'essaierai de fixer plus loin, cesseront dès lors de nous intéresser autant et de nous être aussi indispensables. Non pas. La guerre aura eu cette conséquence de nous pousser à l'exploitation intégrale de notre domaine colonial. Ce n'est pas parce que notre situation sera redevenue normale que le mouvement s'arrêtera, bien au contraire. Le pli sera pris, les marchés seront nés, des habitudes auront été contractées ; après avoir aidé à la reconstruction de l'usine, les colonies contribueront à sa marche régulière.

Et là apparaîtra enfin, à la lueur des événements, la véritable utilité d'un empire colonial.

La grande utilité de nos colonies, c'est surtout d'être une occasion permanente d'activité pour la Mère-Patrie. Elles, nous sont précieuses, et pour ce qu'elles nous achètent et pour ce qu'elles nous vendent — pour les placements qu'elles nous offrent et les initiatives qu'elles nous demandent — par les bénéfices que nous en tirons — et même je dirai : par l'argent qu'elles nous coûtent, puisque cet argent ne sort pas de France et se dépense au profit de nos industriels, fournisseurs de nos administrations et de nos troupes.

∴

Rien n'est plus difficile que de se faire une idée juste et complète de ce qu'est la richesse dans une société moderne. Le numéraire n'en est qu'un signe ; sa valeur se répète à chaque changement de main ; le crédit intervient ensuite et en multiplie de mille façons l'effet utile. L'outillage, les relations commerciales, l'habileté financière sont d'autres éléments souvent traduits en valeurs réelles ; mais on pourrait poursuivre plus loin encore, et l'on verrait bientôt que la seule notion qui puisse englober toutes les autres, c'est celle de l'activité humaine elle-même. Tous les membres de cette vaste association qu'est un Etat moderne sont liés les uns aux autres par la plus étroite communauté d'intérêts, et chacun, en produisant et en consommant, accélère le tourbillon vital de l'organisme collectif. La richesse, qu'on me pardonne cette expression, c'est une chose qui circule ; elle prend d'autant plus de réalité qu'elle circule avec plus d'intensité.

Notre expansion est née du besoin d'élargir sans cesse le cercle de cet immense mouvement et d'y faire graviter des éléments sans cesse plus nombreux. La colonisation, si l'on peut ainsi, dire active le tirage de la machine sociale.

Nul n'a besoin, j'imagine, de se voir démontrer que la création de l'industrie automobile a considérablement augmenté la richesse et la prospérité de la France. Une semblable démonstration serait-elle donc nécessaire, lorsqu'il s'agit des exploitations agricoles, commerciales ou industrielles créées par nos compatriotes dans nos possessions ?

Les colonies élargissent le champ offert à nos entreprises ; elles permettent de faire travailler des capitaux et des initiatives qui resteraient sans utilisation dans la Métropole ; elles associent des millions d'hommes et des peuples nouveaux à l'antique firme française ; elles augmentent nos points de contact avec le monde étranger, avec la grande collectivité des nations, dont il est de moins en moins possible à un pays, quel qu'il soit, de s'isoler.

Une intime union d'intérêts rattache les uns aux autres tous les participants de la famille française élargie. Le noir qui récolte le latex des arbres, dans la forêt tropicale, donne de l'ouvrage à nos commerçants en caoutchouc, à nos courtiers, à nos industriels. Son congénère qui, à Tombouctou, achète nos cotonnades, fournit du travail à nos filatures du Nord ; il aide nos ouvriers à vivre. Et réciproquement, en lui offrant nos produits, en stimulant chez lui le désir du bien-être, nous augmentons sa valeur d'homme, nous préparons la prospérité de ses descendants. Et ces phénomènes élémentaires se répercutent à l'infini ; les échanges nécessitent des transports ; des voies se créent, un outillage se constitue ; et voici une nouvelle cause d'activité pour nos usines, pour nos banques, pour les employés de nos entreprises privées et de nos administrations publiques.

*
* *

Une étroite solidarité lie la Métropole et ses colonies. A quoi bon les distinctions subtiles et les discussions d'école? Tout ce que nous faisons pour la prospérité de nos possessions profite directement à la nôtre ; le sûr moyen de servir nos intérêts est de vouloir sincèrement et sans restriction le bien de ces pays confiés à notre tutelle. Et c'est le grand enseignement que nous donne le spectacle des réalités économiques : la politique la plus sage est aussi la plus généreuse.

II

LES DENRÉES COLONIALES

Si nos ancêtres dieppois, malouins ou saintongeais se sont aussi audacieusement lancés dans leurs expéditions d'outre-mer, bravant les périls de toutes sortes, c'est qu'ils espéraient rapporter en France des quantités prestigieuses de ces « épices » produites dans les « Isles du Nouveau-Monde » et si recherchées des nobles, des gens de robe et des vilains. Depuis l'ancien régime, la consommation des « épices », devenues « denrées coloniales », a considérablement augmenté ; les causes de cet accroissement sont multiples et il faut compter parmi celles-ci : les progrès des cultures coloniales et le nombre de plus en plus étendu des terres d'outre-mer exploitées, l'importance croissante du marché européen, l'extension du nombre des consommateurs par suite de l'aisance de plus en plus répandue, les facilités de transport et les progrès de la science permettant de faire voyager au loin soit des produits périssables, fruits ou viandes frigorifiées, soit pour l'alimentation certaines denrées d'outre-mer jusqu'ici inemployées.

L'Europe fait donc largement appel aux productions agricoles des pays lointains. Celles-ci, du reste, sont des plus variées en raison même de la diversité des colonies ; elles consistent aussi bien en blés, en vins, en avoine, en maïs, c'est-à-dire en richesses rurales européennes qu'en produits exotiques, riz, manioc, huile, café, thé, etc. On sait comment l'Angleterre a pu, dans une large mesure, délaisser son sol, substituant aux cultures l'élevage et devenir une vaste usine, assurée qu'elle était de trouver du blé au Canada, du vin au Cap, du thé, du café, du riz dans les Indes et dans ses possessions d'Extrême-Orient, des viandes frigorifiées au Cap, au Canada ou en Australie ; en un mot la Grande-Bretagne reçoit des terres impériales une grande part de la nourriture nécessaire à ses habitants.

Jusqu'à la guerre, seuls quelques professionnels se rendaient compte de la participation de notre jeune domaine d'outre-mer dans l'alimentation française. Les récents événements ont permis au grand public d'apprendre et de reconnaître combien dans ce domaine l'entr'aide coloniale est précieuse pour le ravitaillement des armées et de la population civile.

La cruelle expérience que l'épreuve nous oblige à faire ne doit pas être perdue : nous avons appris à demander à nos « Frances Nouvelles » de participer toujours davantage au ravitaillement métropolitain, il s'agit de continuer à le faire et cela dans des proportions encore plus considérables. La guerre a en quelque sorte ouvert un marché jusqu'ici entr'ouvert, il est nécessaire de maintenir cet état de fait. Jamais, au surplus, la situation ne sera plus favorable dans nos colonies, il n'y a qu'à continuer le mouvement donné et à l'accentuer par une plus grande activité de nos importateurs et par des mesures heureuses prises par les Pouvoirs publics, au premier rang desquelles devraient être étudiés les facilités douanières et les moyens de transport.

Nous ne pouvons pas ne pas utiliser pleinement les ressources agricoles de nos colonies et il est nécessaire que l'on sache combien importantes sont les richesses de nos possessions. En 1913, le tableau des importations de l'étranger en France permet de constater que sur 7.800 millions de marchandises (les produits coloniaux n'entrent pas dans ce chiffre), il y a plus de 4.700 millions qui, pour la plupart, ne pourraient pas être produits dans la Métropole, mais qui peuvent tous l'être dans nos colonies.

Quels sont donc ces produits d'outre-mer qui entrent dans notre consommation journalière ? Ils sont des plus divers. Dans une première catégorie, nous pourrions ranger les productions agricoles que notre sol nous donne généreusement, mais pas suffisamment en raison et du chiffre de notre population, et de la pénurie toujours plus grande, hélas ! de la main-d'œuvre rurale ; c'est ainsi que l'Algérie, sur ses exportations en France qui représentaient une valeur de 450 millions en 1913, envoyait pour 12 millions de froment et 36 millions de blés durs, pour 21 millions d'avoine et pour 152 millions de vin. Les abattoirs marseillais et parisiens recevaient pour 47 millions de moutons. Le marché français reçoit, en outre, de l'Afrique du Nord la plus grande partie de ses huiles d'olives dont les importations dépassent 5 millions, dans lesquelles il faut compter que la Tunisie représente 3 millions. Depuis la guerre, par suite du blocus, le Maroc a réservé la totalité de ses exportations d'œufs pour les puissances alliées. Ces exportations atteignent le chiffre de 7 millions de francs. L'orge et le blé des plaines de la Chaouïa, les mangues tunisiennes, les dattes du sud-algérien alimentent également nos entrepôts métropolitains.

L'Indo-Chine est susceptible de nous procurer plus de riz que nous lui en demandons, car notre belle possession d'Extrême-Orient en exporte annuellement plus de 830.000 tonnes. Madagascar a également ses rizières de l'Imerina dont nous devons étendre la surface ; la Grande Ile est aussi très riche en manioc (exportation en 1913, 30.000.000 de francs) dont l'industrie alimentaire tire ses tapiocas et ses semoules de plus en plus consommés.

Nous avons vu combien nous avons été heureux, l'industrie métropolitaine du sucre de betterave ayant été par suite des faits de la guerre presque anéantie, de trouver le sucre de canne de nos anciennes colonies des Antilles et de l'Océan Indien. Sans la canne à sucre de nos vieilles « isles », il est fort probable que nous aurions dû apprendre à ne pas sucrer nos mets. Il faudra encore bien du temps pour que l'industrie betteravière des régions envahies reprenne, et pendant des années nous aurons sur nos tables le sucre colonial.

La guerre nous aura obligé à reconnaître que les possessions que nous avons su conquérir en Afrique sont autre chose que quelques arpents de sable désertique, mais souvent de riches pâturages. L'amoindrissement de notre cheptel national et l'obligation de le garantir de coupes par trop sombres en vue de sa reconstitution vont nous rendre nécessaire « la mise en exploitation » de notre cheptel colonial. Déjà grâce à la ténacité de quelques-uns, des industries se sont montées pour faire à Madagascar et en Afrique Occidentale des envois de « frigorifié » ou de conserves de viande. Il y a actuellement en Casamance une « firme » qui est parvenue à utiliser les ressources locales et à expédier pour l'armée, par jour, plus de 3.000 boîtes de conserves de viande. Dernièrement un publiciste rappelait à M. Viollette, ministre du Ravitaillement, que Madagascar possède 15 millions de bovins d'un poids moyen de 400 à 450 kilos, et que l'on pourrait alimenter, grâce au troupeau malgache, la France en viandes pour 106 jours sans toucher au troupeau national.

Ajoutons aux nombreuses denrées précitées le thé d'Annam si peu connu sur notre marché et si fin comme goût, les cafés antillais, les pois chiches de Madagascar, les figues et les dattes africaines. Enfin il ne faut pas oublier la très importante fabrication d'huile faite avec les arachides du Soudan et des Indes, et dont les tourteaux sont chaque jour demandés en plus grande quantité pour la nourriture des bestiaux.

La place me manque pour indiquer en détail combien les produits de l'agriculture coloniale sont utilisés dans notre économie nationale. La guerre en nous forçant à nous replier davantage sur nous-mêmes nous a appris à faire appel dans une plus large mesure à « nos richesses coloniales », l'après-guerre nous obligera à continuer cette sage politique. Certes, de louables efforts ont été réalisés pour développer cette utilisation des « denrées coloniales », mais ce sont là des initiatives privées, des efforts nés de la guerre et qui pourraient, hélas ! disparaître avec elle. Nous devons exiger plus.

Ce n'est pas sans stupeur que l'on apprendra qu'il n'existe pas au Ministère des Colonies un « service de l'agriculture ». Que n'a-t-on profité des circonstances présentes pour le constituer, plus tard il ne sera plus temps. Aucune flotte frigorifique n'a été mise en chantier. Evidemment des mesures de circonstance ont été prises, mais il serait louable de songer à l'avenir, de mettre sur pied un vaste catalogue de nos richesses agricoles coloniales, de convier les Chambres de Commerce, les Chambres d'Agriculture à favoriser cette étude. Il faudrait, en outre, déterminer un plan rationnel d'exploitation ; il faut surtout que les services compétents ne vivent plus de précédents mais regardent le lendemain, lourd de difficultés si nous ne sommes pas prévoyants, mais qui pourra être facilement vécu si nous en organisons, dès maintenant, les conditions d'existence.

La crise agricole en France est très grave, nous pouvons grandement améliorer notre ravitaillement en cherchant dans nos « Nouvelles Frances » des produits que nous n'aurions pas à payer en or. De plus l'accroissement de nos achats dans nos possessions entraînera un mouvement plus considérable des exportations de la Métropole vers ces mêmes colonies pour une valeur équivalente. De telles considérations méritent que les Pouvoirs publics comme les initiatives privées cherchent, enfin, à utiliser les richesses agricoles de nos terres d'outre-mer.

Ce n'est là qu'un cri d'alarme, qu'il ne soit pas poussé en vain...

III

LES ESSENCES FORESTIÈRES

On évalue généralement bien au-dessous de la réalité l'énorme consommation de bois nécessitée par les besoins actuels de la guerre. Les armées en campagne en réclament des quantités considérables ; il en faut pour consolider les divers abris, pour fabriquer les milliers et milliers de traverses des réseaux ferrés stratégiques ; il en faut pour l'artillerie, pour le génie, pour fabriquer des fusils, pour construire des baraquements. A l'arrière les besoins ne sont pas moindres ; les exploitations minières doivent donner en raison de la crise du charbon leur plein rendement et réclament des bois pour le boisage des galeries de mines ; il faut du bois pour les poudreries, pour les chantiers navals, pour fabriquer du papier, bref pour les usines de toutes sortes.

Ni les forêts anglaises ni les nôtres ne peuvent suffire aux demandes ; on ne peut sans danger pratiquer dans nos zones forestières des coupes par trop sombres. Les bois étrangers sont hors de prix. Nous aurons chaque jour davantage plus besoin de bois ; au fur et à mesure que notre sol sera libéré de l'étreinte ennemie, il nous faudra reconstruire nos villes et nos villages détruits et méthodiquement pillés ; il faudra des poutres, des planchers, des boiseries, des meubles. Il faudra du bois pour nos provinces de l'Est, il en faudra pour la Belgique. Il y a donc lieu de prévoir une formidable consommation.

Où prendre les essences forestières dont nous avons et dont nous aurons tellement besoin. Nous avons chez nous, dans nos « Nouvelles Frances », une formidable réserve de bois de toutes espèces. Les forêts de nos colonies sont une ressource pour ainsi dire inépuisable, et jusqu'ici à peu près inexploitée. Les forêts de l'Afrique Française et celles des Antilles, de la Guyane et de l'Extrême-Orient sont drues et touffues. Pendant longtemps leur exploitation s'est confinée à quelques espèces rares, à ces « bois des Isles » de nos élégants meubles du XVIIIe siècle, citronnier, acajou, bois de rose. Mais les régions sylvestres de nos territoires d'outremer sont aussi très riches en essences communes dont nos industries et nos fabriques manquent à l'heure actuelle.

Un inventaire même très succinct de nos richesses forestières coloniales indique combien précieuses seront ces dernières pour faciliter la reprise de la vie économique de l'après-guerre. Ces richesses, nous les trouvons éparses dans chacune de nos possessions d'outre-mer, et, il faut le répéter, nous n'avons pas su jusqu'ici les utiliser complètement. Nul n'ignore que notre grand domaine congolais, l'Afrique Equatoriale, n'est qu'une vaste forêt. Or, avant la guerre, c'était l'Allemagne qui, en grande partie, en exploitait les essences Sait-on, en effet, à ce sujet, qu'au Gabon l'exportation globale des essences forestières était, en 1913, de 150.688 tonnes représentant une valeur de 8.319.239 francs, et que sur ces chiffres l'Allemagne entrait à elle seule pour 67.167 tonnes représentant une valeur de 3.520.175 francs, c'est-à-dire 45 0/0 environ de l'exportation totale. Après l'Allemagne, l'Angleterre en importait dans ses ports 29.517 tonnes valant 2.020.180 francs.

Il serait juste maintenant de voir passer au Havre, à Bordeaux, à Marseille le monopole de l'exportationde nos bois de l'Afrique Equatoriale. Parmi les essences de cette région il y a lieu de citer le bois d'Okumé, qne sa nature légère permet d'utiliser à maintes fabrications, boîtes, meubles à bon marché, planchers, et qu'Hambourg avant la guerre envoyaiten quantités considérables à Vienne pour les ateliers d'ébénisterie de cette ville en vue de la construction de meubles plaqués, genre acajou.

L'Indo-Chine possède de magnifiques forêts qui gravissent les pentes des monts de l'Annam et du Tonkin et dont l'exploitation est à peine commencée. Dans la plaine, le long des rizières, s'élèvent des milliers de bambous, arbre si robuste et bon « à tout faire » dont on trouverait de multiples emplois en France, notamment la fabrication du papier. Rien que dans la seule Cochinchine, l'étendue de la zone forestière dépasse 70.000 hectares. Dans le Laos se trouvent des forêts composées de bois de teck, bois dur qui pourrait être employé dans les constructions comme madriers ou charpentes.

En Afrique Occidentale, les colonies de la Côte d'Ivoire, de la Guinée, du Dahomey, contiennent de vastes régions boisées. Nous y trouvons des bois rares et des bois communs, tous recherchés en ce moment. A l'heure actuelle, les « coupeurs » de la

Côte d'Ivoire ne s'occupent guère que des billes d'acajou ou d'ébène et laissent pourrir sur pied de magnifiques futaies composées d'espèces communes Un effort s'impose pour tirer un rendement maximum de nos richesses forestières de l'A. O. F., d'autant plus que, par une heureuse coïncidence orographique, les forêts de ces contrées sont traversées de grands cours d'eau par où pourrait se pratiquer sur une large échelle le flottage jusque sur la côte.

Madagascar est également un pays d'arbres dont les forêts sont encore pour ainsi dire vierges et qui contient un grand nombre d'espèces. Il en est de même de la Guyane.

Nos colonies ne sont pas riches uniquement en bois proprement dits ; elles possèdent des produits forestiers très importants. Dans les forêts congolaises, la brousse soudanaise, les futaies de la Côte d'Ivoire, de la Guinée, on récolte la gomme de caoutchouc. A cette récolte encore primitive a succédé la culture rationnelle de l'arbre à latex et nos plantations indo-chinoises, malgaches, dahoméennes prennent chaque jour plus d'extension. Les îles polynésiennes comme les grands mornes des Antilles sont également revêtus de riches forêts d'où les indigènes retirent maintes essences utiles et savent tirer profit des « sous-produits », lianes, fibres, gommes, résines, huiles de palme.

Nos ennemis avaient déjà compris que nos colonies renfermaient toutes ces ressources considérables ; le rafia de Madagascar, par exemple, était de plus en plus exporté en Allemagne, car ce produit des bois malgaches, outre ses usages ordinaires dans l'agriculture où il est utilisé comme lien, est employé par l'artillerie pour la garniture des casiers destinés à contenir les obus. C'était en Allemagne également qu'était dirigée l'exportation des écorces à tan si recherchées pour le traitement des peaux. Alors qu'on dirigeait sur les ports germaniques en 1913 pour 1.367.000 francs d'écorce à tan, il n'en était expédié en France que pour 95.000 francs.

On sait combien est utilisé le liège dans la vie journalière. Notre production landaise est notoirement inférieure aux besoins, mais les chênes-lièges de notre Afrique du Nord peuvent suppléer à cette insuffisance. Pour l'Algérie seulement en 1913 il a été exporté pour plus de 48 millions de francs de ce produit. De Tunisie on constate une exportation moyenne de 50.000 quintaux. A ce sujet je signale que le liège nord-africain est expédié brut pour la plus grande partie à l'étranger qui le renvoie en France après l'avoir ouvré. Il semble que nous pourrions ouvrer nous-mêmes notre liège africain.

Nous souffrons d'une crise de papier, on a cru même nécessaire de diminuer le nombre de pages des quotidiens faute de matière première et de fibres de bois. Il apparaît qne nous aurions pu surmonter cette crise « intellectuelle » par une exploitation plus étendue et faite à temps de nos forêts coloniales et faire un effort pour augmenter la culture de l'alfa, plante type des hauts plateaux algériens et tunisiens et qu'il sera très probablement facile de développer au Maroc.

Les produits forestiers représentent une incalculable richesse pour nous, richesse à peu près inutilisée de nos jours. Ces bois pourraient même, avec un peu plus de cette audace qui nous manque tant, être sinon travaillés sur place, du moins équarris et dégrossis. Pour celà rien ne manque : pour actionner les scieries, les rapides de nos fleuves africains ou indo-chinois, les cascades de Tahïti, des Antilles, les grands fleuves de la Guyane, les torrents malgaches, pourraient donner la force motrice. La main-d'œuvre elle-même ne fait pas défaut, car dès maintenant, parmi nos populations coloniales, nous trouvons des travailleurs ayant fait des séjours en France comme ouvriers coloniaux et qui sont susceptibles d'éduquer leurs compagnons restés là-bas.

Une étude sérieuse et faite, non plus dans un but scientifique, doit être sans tarder entreprise en vue de rechercher les meilleurs moyens d'utiliser enfin les essences forestières qui abondent sur le sol de nos possessions lointaines.

IV

LES PRODUITS DU SOUS-SOL

Répandues à travers les cinq parties du monde, les colonies françaises contiennent dans les profondeurs de leur sol, souvent même affleurant presque à la surface, la plus grande partie des minéraux qu'emploie l'industrie moderne. La guerre a fait une terrible consommation de fer, d'acier, de cuivre et de charbon. Déjà, nous subissons la crise du charbon, demain peut naître celle du cuivre, du fer et, après les hostilités, les besoins en ces matières premières seront plus urgents que jamais. Il faudra en effet constituer tout l'outillage économique des régions dévastées et adapter les usines de guerre aux œuvres de paix ; il faudra pratiquer la culture intensive, construire une flotte de commerce et, en terres lointaines, jeter des rails nouveaux destinés à la meilleure exploitation de nos richesses coloniales.

Il n'est question que de l'importance et de la gravité de la crise agricole : nos récoltes sont déficitaires, la raison en est à la rareté de la main-d'œuvre rurale. A l'insuffisance des bras, il faut suppléer par l'emploi des machines et des engrais.

Or, par une imprévoyance regrettable, le superphosphate que nous produisons avec les phosphates algériens et tunisiens est tombé de 1.920.000 tonnes en 1913 à 600.000 tonnes en 1915 et à 400.000 tonnes en 1916. Est-ce à dire que la richesse en phosphates de nos colonies nord-africaines ait diminué ? La vérité est que l'on aurait pu tirer du sous-sol du Magreb tout le phosphate nécessaire à notre agriculture. On n'a pas également cherché davantage à diriger sur la France les phosphates des gisements de Makakea en Océanie française.

Apportez votre or, a-t-on justement demandé, à tous ceux qui en possédaient. Après la guerre nous en aurons encore besoin. Allons-nous donc aller le chercher à l'étranger, au Klondyke ou au Transvaal, alors que chez nous, en terre française, dans « notre » Guyane, se trouvent d'importants placers ? En 1913, il en avait été exporté pour 3.758 kilos en quantité et 10.149.115 francs en valeur. Or, nous lisons dans une publication officielle : « Les chiffres de 1913 constituent des chiffres normaux d'exportation que nous retrouvons à peu de chose près en 1910, 1911 et 1912. Un certain fléchissement s'est produit dans la production de l'or depuis le commencement des hostilités ». Il est à espérer que ce « fléchissement » ne durera pas après la guerre. Il y a encore l'or malgache et les pépites que roulent certains fleuves de notre Afrique

Occidentale Française qu'il faudra bien utiliser.

Le fer nous vient en grande partie de l'étranger. Tout le monde sait que nous avons en Algérie des mines de fer d'une capacité très considérable et l'on sait aussi que, malgré la guerre, malgré ce puissant et journalier besoin de « fer », les gisements de l'Ouenza ne sont pas exploités par suite des « lenteurs administratives ». Depuis douze ans, la question est en suspens. Il a fallu d'abord une instruction à la Préfecture de Constantine, puis une seconde instruction au Gouvernement général. Ensuite il y a eu discussion aux « délégations financières ». Le projet ayant été envoyé à Paris, il y a eu quatre ou cinq instructions nouvelles au Ministère des Travaux publics, au Conseil d'Etat, à la Commission des Travaux publics de la Chambre. Puis trois fois la discussion du projet a été demandée à la Chambre et trois fois elle a été ajournée... Pour être exact, je dois faire connaître que tout dernièrement la Société des Phosphates de Constantine, qui exploite le gisement du Djebel Konif à quelques lieues de l'Ouenza, vient de construire des hauts fourneaux pour traiter les minerais de fer de l'Ouenza. Ces hauts fourneaux seraient alimentés par des charbons de bois provenant des forêts de Kabylie. Espérons que cet exemple sera suivi. L'Algérie n'est pas la seule de nos possessions qui soit susceptible d'envoyer du fer à la Métropole ; il faut compter la production de la Tunisie (48.675 tonnes en 1914), le fer du Tonkin, les lignites de fer de Madagascar et de l'Afrique Occidentale.

Le zinc abonde en Indo-Chine, où il est exploité sous forme de blende et de calamine. La production de ce minerai atteignait en 1913, 33.348 tonnes, dont 28.000 exportées. En 1914, la production tombe à 31.500, dont 19.500 exportées. Il est à souhaiter que nous fassions un vigoureux effort pour reprendre le terrain perdu et pour monopoliser en France le marché du zinc tonkinois qui, avant la guerre, était dirigé sur la Belgique vià Dunkerque ou Anvers ; depuis la guerre, ce sont les Etats-Unis et le Japon qui sont les grands acheteurs de ce métal. Notre possession d'Extrême-Orient est également riche en étain, avec lequel, très heureusement, se trouve mélangé du wolfram. Sept mines étaient en exploitation avant la guerre. Depuis, il est exporté à Marseille, pour les besoins de la Défense nationale, d'importantes quantités de wolfram. Le Tonkin a là une ressource qu'il faudra pleinement utiliser après les hostilités. Le Tonkin exploite également des gisements d'antimoine. Mais jusqu'ici, par incurie et surtout par ignorance, les capitaux français qui allaient en Turquie ignoraient les ressources minières de l'Indo-Chine. On est forcé de constater que dans cette contrée l'industrie métallurgique n'existe pas alors que tout la favorise : présence d'une abondante main-d'œuvre annamite et chinoise, main-d'œuvre dont, après la guerre, une grande partie aura déjà été utilisée en France ; existence de chutes d'eau et rapides, et, enfin, houille abondante. Comme on l'a écrit au sujet du sous-sol indochinois : « Le grand fait dominant, c'est la présence du charbon au Tonkin ».

Le cuivre, si recherché par nos ennemis et que nous achetons à chers deniers à l'étranger, se trouve en quantités appréciables à Madagascar, en Afrique Equatoriale ; on en signale des gisements dans l'Afrique du Nord, en Afrique Occidentale.

Tout le monde connaît la richesse en nickel de notre Nouvelle-Calédonie. En 1913, il en était exporté pour plus de 3.600.000 francs. Des efforts sont actuellement poursuivis pour traiter tout le minerai sur place. La Nouvelle-Calédonie nous fournit également du cobalt et du chrome.

La grande île malgache est comme un immense gisement de minéraux de toutes natures, gisement à peu près inexploité. Actuellement on exporte de Madagascar du graphite, du cristal de roche, du lignite de fer. Mais le sous-sol malgache renferme du cuivre, du fer, du zinc, de l'antimoine, du soufre, du plomb.

Par ce rapide tableau, brossé à très larges traits, des « possibilités » de nos colonies en produits miniers, on peut aisément reconnaître que notre domaine colonial n'est pas seulement « une vaste propriété rurale » aux productions diverses, mais aussi une suite de centres miniers très importants. En présence des productions minières européennes amoindries par plusieurs années de guerre, ces centres miniers de nos Nouvelles Frances doivent être pour la Métropole des éléments nouveaux de prospérité nationale. Bien plus, une industrie locale, disons plutôt coloniale, doit dès maintenant être créée. Il faut que le nickel calédonien soit entièrement traité dans l'île, de même il y a intérêt à ce que Madagascar voit s'élever des hauts fourneaux. L'Afrique du Nord ne doit pas concentrer comme elle l'a fait jusqu'ici toutes ses énergies à la seule exploitation de son sol, elle doit s'efforcer de mettre en valeur, chez elle, les produits de son sous sol, produits dont l'importance sera plus que doublée par les richesses minières du Maroc, richesses encore à l'état latent. Il ne faut pas attendre davantage pour utiliser les richesses minérales de nos colonies. Rien ne manque, ainsi que je l'ai indiqué en ce qui concerne le Tonkin dans nos terres lointaines pour réaliser cet objectif : forces hydrauliques à capter, main-d'œuvre déjà dressée, réseaux ferrés, tout est à pied d'œuvre. Encore un effort et l'immense machine se mettra en mouvement. Ce que l'on aurait dû faire depuis le début, c'était de former des jeunes ouvriers pris parmi nos sujets et d'instituer de multiples « écoles professionnelles » d'où seraient sortis des mineurs, des métallurgistes, des charrons, des serruriers. Il y a là une lacune qu'il est nécessaire de combler sans délai. Si l'on veut « industrialiser » nos colonies, et la force même des choses nous entraîne à le faire, il faut créer un réseau d'enseignement professionnel. J'y reviendrai plus loin.

Le sous-sol de nos possessions est extrêmement riche ; pour l'exploiter rationnellement, il est besoin d'étudier et de mettre en pratique toute une série de mesures qui sont l'apanage autant des efforts individuels que de ceux des Pouvoirs publics.

V

LES FACULTÉS D'ACHATS DE NOS COLONIES

Interrogé sur l'utilité des possessions d'outre-mer, un Ministre de Louis XVI répondit que la « destination des colonies était de « consommer le trop plein des produits du royaume ». C'était vrai à une époque où les « Isles » ne produisaient que quelques épices et où tout venait de France apporté suivant le principe du monopole du pavillon, par les vaisseaux du Roy ou des grandes Compagnies . Outre les produits manufacturés, le Royaume y dirigeait le « trop-plein » de la société d'alors : cadets de famille désargentés, filles publiques, croquants de toutes espèces. De nos jours, il apparaît à tous que le rôle des colonies ne se borne pas à fournir les matières premières que la Métropole transforme en objets fabriqués, mais encore à être une occasion d'activité permanente pour le Pays. Après la guerre, nous aurons besoin pour notre prompt rétablissement dans le domaine économique de rechercher des débouchés nouveaux les moins onéreux possibles, c'est-à-dire grevés de droits fiscaux peu élevés. Ces débouchés, ce seront nos colonies, dont les facultés d'achats sont infiniment plus élevées que beaucoup ne le pensent.

Il n'est pas téméraire d'affirmer que la prospérité de l'Angleterre est fondée sur le trafic qui existe entre l'« old land » et les multiples terres disséminées sur le globe et où flotte le drapeau de l'Union Jack. Si les ports anglais regorgent des produits d'origine coloniale c'est aussi de ces mêmes quais que sont embarqués pour ces contrées le matériel d'outillage, les étoffes, les mille objets que ces nouveaux mondes réclament. Plus grande est la prospérité des Dominions, de l'Empire des Indes et de toutes les possessions britanniques, plus considérables sont pour les usines anglaises les débouchés qui leur sont ouverts.

Ce qui est vrai pour l'Angleterre doit l'être pour la France. Notre Empire colonial est le deuxième du monde. Il s'agit d'en tirer le maximum de rendement. Nos possessions nous fournissent bien des matières premières ; elles pourront, je l'espère, commencer à manufacturer sur place certains produits grâce à la main-d'œuvre locale, grâce également à l'utilisation des forces naturelles, hydrauliques ou autres, qui dorment encore inemployées. La France au lendemain des hostilités devra, ainsi que je l'ai maintes fois signalé, faire davantage appel aux ressources coloniales. Elle trouvera un bénéfice certain à acheter « chez elle » des produits qu'auparavant elle allait chercher à l'étranger et dont la totalité représente la somme de 4.700 millions. On peut assurer que l'accroissement de nos achats dans nos possessions entraînera immédiatement une augmentation des exportations de la Métropole vers ces mêmes possessions pour une valeur à peu près équivalente, de telle sorte que nous trouverons, sur un marché privilégié, des débouchés nouveaux.

D'aucuns peuvent penser que la guerre a diminué les facultés d'achat de nos colonies et que celles-ci sont sorties « amoindries » de la rude épreuve. Certes, le choc a été brutal, mais nos possessions ont pu « tenir ». Bien plus un grand nombre d'entre elles n'ont pas seulement surmonté la crise économique née du brusque passage de l'état de paix à l'état de guerre, de la mobilisation et de l'absence de relations régulières, mais encore se sont, dans le bon sens du mot, installées dans la guerre et pour la guerre. Par l'effort de tous ceux qui sont restés là-bas, un travail intense a été produit et des résultats remarquables ont été obtenus. La meilleure preuve de la « bonne santé » économique de nos colonies, s'il est vrai que les finances publiques sont le miroir de la situation commerciale d'un pays, est donnée par l'examen desdites finances. Celles-ci sont satisfaisantes, ce qui prouve que les contribuables coloniaux, quelle que soit leur race ou leur couleur, ont fait de bonnes affaires. Certaines de nos possessions comme l'Indo-Chine, l'Afrique Occidentale, ont vu renaître leur prospérité d'avant-guerre d'autres comme les Antilles et la Réunion sont devenues, grâce à la culture de la canne à sucre et à la presque totale disparition en France de l'industrie betteravière, des « nouveaux riches » jouissant d'une aisance inconnue depuis de nombreuses années. Madagascar a vu paraître sur son sol une industrie nouvelle : celle de la viande frigorifiée. Veut-on un détail symptomatique ; le nouveau gouverneur de l'Afrique Occidentale, d'accord avec le Gouvernement, envisage pour l'année prochaine l'envoi dans la Métropole de produits divers dont il chiffre la valeur à 800 millions. Bien entendu il y aura à faire un gros effort, mais le chiffre même de ces exportations indique la part que peuvent prendre certaines de nos colonies à la vie économique future de la Mère-Patrie.

Pour l'Algérie et la Tunisie, qui sont comme l'armature même de notre domaine d'outre-mer, les statistiques douanières démontrent que les exportations de ces contrées ont, durant les années 1915 et 1916, dépassé les importations ; la somme des ventes de l'Algérie en 1916 a excédé d'un sixième celle des achats ; en Tunisie, alors qu'il était importé en 1915 pour 107.246.504 francs de marchandises diverses, il en était exporté pour 125.536.674 francs. On sait que dans la Métropole la valeur des importations durant la guerre a dépassé jusqu'ici de 10 milliards celle des exportations...

En d'autres termes, il est entré de l'argent dans nos possessions lointaines alors que, par suite des événements, la Mère-Patrie s'est affaiblie. Cet argent dort actuellement dans les poches ~~de nos sujets et~~ de nos colons. De plus, nos travailleurs coloniaux ont envoyé là-bas une partie de leurs salaires. On cite telle poudrerie nationale dont les travailleurs nord-africains envoient par mois une moyenne de 50.000 frs. Une aisance inconnue règne dans bien des douars, on achète des terres, on achète des charrues françaises et des phonographes. Par un juste retour des choses, l'argent parti de France doit y revenir car les facultés d'achats de nos colonies ont été très notablement élargies.

Il est même temps d'attirer les regards des commerçants et du grand public sur ces réalités. Si l'on tarde trop, ces « débouchés privilégiés » que sont nos colonies nous seront fermés, la place étant prise par autrui. Un seul exemple entre plusieurs suffira à indiquer la gravité de la situation. En Algérie la proportion des achats faits en France est en baisse ; ce déplacement s'est manifesté en faveur de l'Angleterre et de l'Espagne ; pour la Grande-Bretagne le pourcentage des achats qui atteignait 11 0/0 en 1914 était de 19 0/0 en 1916... Pour la Péninsule Ibérique ce pourcentage a passé de 1 0/0 en 1914 à 7 0/0 en 1916.

Que ceux qui se plaignent du marasme des affaires jettent les yeux vers nos « Nouvelles Frances ». Ils y trouveront leurs profits et collaboreront en même temps à l'édification de la Grande France de l'après-guerre dont les colonies seront un des plus fermes et des plus solides piliers.

VI

LA MAIN-D'ŒUVRE

Il s'agit maintenant pour exploiter tous ces produits de trouver la main-d'œuvre nécessaire. J'ai dit au début de cette étude que la guerre nous l'aura fournie. Elle nous a même révélé son aptitude à la plupart des genres de travaux connus chez nous et tout permet de croire, je le répète, qu'elle va suffire désormais dans tous les domaines de l'exploitation de toutes les richesses, naturelles ou autres, que renferme notre domaine d'outre-mer.

Pour beaucoup de nos concitoyens les indigènes de nos colonies étaient des sauvages » guerriers ou chasseurs, turbulents et emplumés, et non de tranquilles artisans. D'aucuns, et ils étaient nombreux, ne se représentaient les Arabes que vêtus de burnous rouges, caracolant sur de piaffants petits chevaux, ils ignoraient l'existence laborieuse de certaines tribus algériennes ou tunisiennes ; pour beaucoup de nos compatriotes nos indigènes de l'Afrique Occidentale n'étaient que des noirs armés de sagaies prêts à l'embuscade, et non ces excellents forgerons pheuls, ces rudes laboureurs bambaras, et ces pasteurs ouolofs des plaines soudanaises. Ne confondait-on pas les Annamites si habiles ouvriers d'art, si patients cultivateurs avec les bandits des Pavillons Noirs. Les Howas, bons artisans, les Sakhalaves, terrassiers appréciés, les Canaques habitués aux durs labeurs miniers, les Tahitiens, hardis pêcheurs, étaient dans la pensée du grand public sans aucune valeur au point de vue de la production.

Cette idée était plus profonde que l'on ne se l'imagine. Dans les hautes sphères par exemple, on admettait que nos indigènes pouvaient par leurs contingents militaires constituer une armée noire, avait-on jamais songé à l'intervention dans la guerre de cette autre armée, toute pacifique, formée par les travailleurs coloniaux et destinée à nos usines et à nos champs.

Sur ce point, comme sur tant d'autres, l'initiative privée avait devancé l'inertie administrative. Plusieurs années avant la guerre, nos travailleurs indigènes avaient pris place à côté de la main-d'œuvre étrangère belge, italienne et espagnole près de nos ouvriers sur les chantiers et dans les usines de France. Dans les sucreries du Nord, sur les quais de nos ports, dans le vignoble méridional, à bord de nos bâtiments de commerce nous trouvions déjà des Kabyles, des Sénégalais, des jaunes. Les gouverneurs généraux, notamment celui d'Algérie, signalèrent à maintes reprises cet état de choses.

Enfin, les Pouvoirs publics s'émurent et on forma en 1913, pour la moisson en Beauce et pour les vendanges dans le Midi, des équipes de Kabyles. Tel fut le premier essai officiel de recrutement de la main-d'œuvre indigène. Survint la guerre, il fallut des bras et toujours davantage pour remplacer les hommes mobilisés, pour tourner les obus, fabriquer les canons, il faut des bras également pour moissonner, ensemencer, cultiver notre vieux sol et l'on dut faire appel aux 40 millions de sujets français qui peuplent nos possessions d'outre-mer.

La venue en France de plusieurs milliers de travailleurs coloniaux fut organisée. Mais là encore on alla timidement par petits paquets, on militarisa ces indigènes, on les soumit à l'obédience du ministre de la Guerre. Un progrès vient cependant d'être réalisé : on a centralisé le recrutement de la main-d'œuvre, qu'elle provienne de l'Afrique du Nord ou de nos autres colonies, entre les mains du ministre des Colonies. Il faut aller plus loin encore dans cette voie, et on s'y engage, il faut que ce soit le Ministère recruteur des Colonies, qui ait la charge et la surveillance des sujets français en France. Cela seul est logique et cela seul permettra d'appliquer toute une série de mesures nécessaires : application de la législation du travail, surveillance morale, développement de l'apprentissage pour lesquelles malgré toute son universelle cométence le Ministère de la Guerre est incompétent.

Ainsi, du fait de la guerre, nous avons en France à l'heure actuelle plus de 35.000 travailleurs nord-africains, c'est-à-dire algériens, tunisiens ou marocains, plus de 20.000 annamites et plusieurs milliers de travailleurs malgaches, sénégalais et même canaques. Les aptitudes au travail sont variables suivant les races, les Nord-Africains sont généralement robustes et intelligents et parmi eux les Marocains sont les meilleurs. Les Annamites sont débiles, mais excellent dans les travaux minutieux. Les uns sont turbulents, les Nord-Africains, les autres plus faciles à mener, les Annamites. Ces derniers ne peuvent rendre des services que sous climats méridionaux ; les Arabes supportent nos climats du Nord. D'une manière générale, sans donner au point de vue rendement effectif les mêmes résultats que les ouvriers européens, la main-d'œuvre coloniale est satisfaisante.

L'appel fait à la main-d'œuvre coloniale durant la guerre aura donc permis, par voie de répercussion, de constituer pour nos colonies ce qui leur manquait totalement : un élément ouvrier formé dans la population indigène. Nos « Nouvelles Frances », par une loi d'évolution naturelle, se trouveront amenées à créer des centres industriels locaux où seront manufacturés les divers produits de leur sol. La venue en France de milliers de travailleurs permettra à ces industries de recruter sur place les ouvriers indigènes, pour le plus grand bien de l'importation française et, dans bien des cas, de l'industrie locale. La valeur commerciale de nos terres lointaines aura ainsi bénéficié de cet état de choses. Telles sont déjà les répercussions directes et elles sont importantes de la venue en France de nos travailleurs coloniaux.

*
* *

Mais il ne suffirait pas d'avoir ainsi profité de la guerre pour créer l'armée des travailleurs dont devront profiter nos colonies. Il faut donner des cadres à cette armée.

On a dit combien avant la guerre notre enseignement professionnel était retardataire.

Malgré de louables efforts, il avait cessé de correspondre aux besoins de l'activité industrielle ou rurale de notre Pays. La crise de l'apprentissage se doublait de la présence d'un enseignement professionnel insuffisant. Le mal était réel, il était même grave.

Aux colonies, jusqu'à ces derniers temps, le problème de l'enseignement professionnel indigène se posait dans toute son amplitude. On peut même dire que cet enseignement était inexistant dans notre domaine d'outre-mer.

Depuis quelques années, il est juste de le reconnaître, mon éminent collègue, M. Jonnart, s'était efforcé de créer en Algérie un mouvement en faveur de la création d'écoles indigènes professionnelles où s'instruisent les scrupuleux artisans de ces arts locaux que la négligence musulmane et l'indifférence administrative laissaient tomber en deshérence. L'Algérie voit ainsi renaitre ses potiers indigènes, ses ciseleurs habiles, ses tisseuses aux doigts agiles ;

un art francoa-rabe est né. Actuellement, sous la vive impulsion de M. Charles Lutaud, l'enseignement professionnel indigène se développe par la formation d'écoles de maçonnerie, de vannerie, de fabrication de tapis et de broderies sur cuir. L'agriculture est enseignée dans les fermes-écoles.

La Tunisie et le Maroc suivent les voies tracées par leur voisine algérienne. Mais dans nos autres possessions, force est de constater que l'enseignement en question est à l'état embryonnaire : en Indo Chine, l'arsenal de Saïgon produit quelques ouvriers indigènes métallurgistes ; en Afrique Occidentale, il existe une école professionnelle susceptible d'ailleurs de résultats ; il y a une école d'arts et métiers à Fort-de-France. D'une façon générale, on peut déclarer que l'enseignement dont il n'agit n'a pas reçu le développement correspondant à l'évolution qui s'est produite chez nos sujets de toutes races et de toutes couleurs au contact de notre action civilisatrice.

On demande partout que nos colonies donnent pendant la guerre et surtout après la guerre un rendement maximum. L'entr'aide coloniale sera, j'en suis convaincu, un des principaux facteurs de notre prompt relèvement économique au lendemain des hostilités. Mais pour que nos possessions lointaines soient susceptibles d'obtenir les résultats que nous attendons, il faut qu'elles trouvent chez elles la main-d'œuvre indigène capable de réaliser les projets de mise en valeur de ces terres françaises qui sont actuellement formulés. Il faudra de bons ouvriers agricoles pour cultiver, il faudra des spécialistes pour traiter sur place les richesses du sous-sol colonial, il faudra des contremaîtres indigènes pour entraîner les équipes locales. Intensifier l'enseignement professionnel indigéne, tel doit être un des plus pressants soucis des Pouvoirs publics compétents.

Mais ceci c'est l'œuvre de demain ; car, si rapide que puisse être la réalisation de ce programme, il ne fera sentir ses bienfaisants effets que dans quelques années. Or, il nous faudra être prêts à faire face à la guerre économique dès la signature de la paix. Celle-ci peut survenir d'un moment à l'autre. Comment, dès maintenant, constituer cette main-d'œuvre indigène dans nos colonies ? Par une heureuse, je dirai même miraculeuse circonstance, nous possédons les cadres et les effectifs de cette main-d'œuvre ; les 60.000 travailleurs coloniaux qui sont actuellement en France et qui travaillent dans nos usines de guerre, dans nos arsenaux, dans nos écoles d'aviation, doivent former cette armée pacifique qui, après la guerre, de retour aux pays lointains d'où ils sont venus, mettra en valeur les richesses et les forces des « Nouvelles Frances ».

Les travailleurs coloniaux, qu'ils soient originaires de l'Afrique du Nord et d'Indo-Chine, qu'ils soient noirs ou olivâtres, étaient pour la plupart à leur arrivée en France à peine capables de faire des manœuvres. Depuis, un grand nombre d'entre eux se sont dégrossis, beaucoup sont devenus de bons ouvriers ; ils ont pris l'habitude du travail régulier, l'amour d'un salaire convenable, le goût de l'épargne. Ils se sont également créé des besoins nouveaux qui les obligeront, de retour à la colonie, à travailler encore pour les satisfaire. De frustes qu'ils étaient à leur départ, ils se sont civilisés à notre journalier contact : ils commencent à parler français : ils versent aux retraites ouvrières...

Il est du plus haut intérêt que le Ministère des Colonies envisage, dès maintenant, la création en France « d'écoles de perfectionnement » où seraient envoyés à la fin de leur contrat d'engagement les travailleurs coloniaux désignés par les usines où ils sont employés comme susceptibles de se perfectionner et de devenir soit des contremaîtres, soit des spécialistes brevetés. Il pourrait y avoir une ou plusieurs écoles pour la métallurgie, pour le travail du bois, pour la mécanique. Les travailleurs pourraient y faire des stages de quelques mois et devraient y recevoir un salaire. Tout en se perfectionnant dans leur métier, ils finiraient d'apprendre le français. Pour ceux d'entre eux qui manifesteraient le désir de rester agriculteurs, notamment pour les Nord-Africains, il y aurait lieu de prévoir la formation de fermes-écoles dans le Midi où un enseignement rural leur serait donné.

Enfin, il faudrait prévoir que ces écoles ouvriraient toutes grandes leurs portes aux mutilés indigènes de la guerre et après les hostilités aux nombreux soldats indigènes qui, du jour au lendemain, devront trouver de quoi vivre et pour lesquels il est de toute nécessité de prévoir les modalités grâce auxquelles la France facilitera à ces vaillants défenseurs le retour au foyer.

L'aptitude de nos sujets à devenir de bons ouvriers peut paraître à beaucoup assez faible. C'est là une erreur. Un seul exemple montrera combien utile peut être la création que j'envisage; à l'école d'aviation de Pau, il y a, m'affirme-t-on, plusieurs tunisiens, gens venus de la campagne.

Au bout de quelques mois, ces musulmans sont devenus de très bons aides mécaniciens, sortant les appareils, les nettoyant, capables de changer une bougie, de régler un allumage. Certains d'entre eux sont devenus de bons conducteurs d'autos et, de ce fait, reviendront en Tunisie munis du brevet de chauffeur.

Nous avons trop péché par insouciance pour retomber à nouveau dans cette erreur. Il est nécessaire, si nous voulons que nos colonies jouent dans notre économie nationale le grand rôle qu'elles peuvent remplir, de profiter de cette présence de nos travailleurs coloniaux pour constituer les cadres de la main-d'œuvre coloniale.

Il y a là une œuvre digne de tenter un ministre.

VII

LES TRANSPORTS MARITIMES COLONIAUX

Nous touchons à la partie dominante de cette courte étude. Produits et main-d'œuvre, c'est parfait, mais il faut maintenant que les produits circulent. Il faut des bateaux.

Nous savons quel précieux auxiliaire a été pour nous l'entr'aide coloniale pendant la guerre et nous voulons que cet effort ne soit pas momentané, mais, au contraire, le début d'autres réalisations plus fructueuses encore pour notre Pays, c'est-à-dire durables. Au lendemain des hostilités, nos colonies ne doivent pas seulement apporter dans nos ports métropolitains les multiples produits de leur sol et de leur sous-sol, mais aussi constituer chez elles des industries qui, loin de concurrencer les nôtres, augmenteront, de par le monde, la force de l'expansion industrielle française.

Ce programme, nous ne doutons pas que l'énergie de nos coloniaux, doublée de l'aide des Pouvoirs publics, ne l'exécute en son entier. Mais il restera imparfait et même inopérant, si les transports maritimes entre la France et ses possessions lointaines et entre nos colonies elles-mêmes restent dans le même état qu'avant la guerre. L'utilisation rationnelle de nos richesses d'outre-mer est chose vaine sans marine marchande coloniale. Un immense effort doit être fait dans ce sens, et, si déjà avant la guerre l'œuvre était complexe et urgente, combien plus celle-ci sera difficile à vaincre après les sévérités cruelles de la guerre sous-marine.

Avant les hostilités, le trafic maritime entre la France et ses colonies et celui des colonies entre elles par pavillon français diminuait d'année en année par suite de la concurrence âpre des Compagnies de navigation étrangères. Certes pendant longtemps nous avions pu conserver l'avantage grâce à de véritables subterfuges, celui, entre autres, du maintien du principe du monopole du pavillon. On sait qu'en ce qui concerne les relations entre l'Algérie et la France, ce principe n'a été supprimé, et encore à titre provisoire, que depuis la guerre.

Quoi qu'il en soit la marine marchande française à mesure qu'elle s'affaiblissait, laissait les autres pays s'emparer du fret colonial. On peut dire qu'avant la guerre la marine allemande exploitait nos ports coloniaux grâce à la clause de la nation la plus favorisée ; dans le Bassin Congolais, véritable terre privilégiée pour le pavillon germanique, les bâtiments allemands « raflaient » littéralement le fret des bois pour le débarquer sur les quais de Hambourg. Pour les seules colonies relevant de la rue Oudinot, le tonnage emporté ou amené par les vaisseaux austro-allemands était passé du chiffre de 2.784.000 tonnes en 1907 à 3 millions 958.000 tonnes en 1912. Durant cette même année le Directeur des Douanes en Indo-Chine écrivait dans son rapport annuel : « Le trafic de l'Annam est presque entièrement entre les mains du pavillon allemand ». Dans nos ports du Gabon en 1907 il était entré 79 navires français et 79 navires allemands, nous étions à égalité ; en 1912, nous ne comptons plus que 68 bâtiments de notre pays contre 90 vaisseaux ennemis. Pour l'ensemble de notre possession d'Extrême Orient, en 1912, le pavillon national occupait toujours la première placeavec 524 entrées ou sorties de navires, mais le pavillon allemand se classait au second rang avec 483 navires et une augmentation de jauge de 127.000 tonnes. Venait au troisième rang le pavillon anglais, avec 472 navires et une décroissance de 105.000 tonneaux.

Les causes de la décadence de la marine marchande de France sont, hélas, connues de tous : la longue absence de stabilité dans la législation spéciale régissant la Marine marchande, la « vétusté » du régime de l'Inscription maritime, l'ouverture de nos ports à la concurrence étrangère, l'indifférence du grand public à l'égard des questions maritimes. Dans nos colonies, le colon et l'indigène se déshabituent de demander à notre pavillon de transporter les marchandises dont il à besoin, ce qu'ils veulent c'est les avoir à meilleur prix, les tarifs de nos Compagnies sont trop chers et nos produits de par la volonté même de nos producteurs sont transportés par bâtiments étrangers. On connait l'exemple classique, si l'on peut dire, des champagnes à destination de Pondichéry qui, au lieu d'être expédiè viâ Marseille qui est la voie la plus courte, sont envoyés à Londres pour être acheminés par des vapeurs anglais.

Nous voulons que nos colonies nous procurent leurs ressources presque inépuisables, nous désirons que nos producteurs trouvent là-bas un marché privilégié, une sorte de chasse gardée qui, après la guerre, activera le tirage de la vie sociale. Mais à quoi bon si nous n'avons pas les moyens de transporter par mer d'une part les produits métropolitains destinés à nos possessions lointaines et de l'autre les denrées coloniales en France ? On dira qu'il sera possible d'employer des « intermédiaires », des bateaux battant les drapeaux alliés ou neutres, mais c'est là un danger certain quelque bien intentionnés que soient nos amis ou nos alliés. Il ne faut, en effet, ne jamais oublier qu'il y a une solidarité étroite entre le commerce national et le pavillon national. Lorsque l'Allemagne voulut réaliser son rêve du pangermanisme commercial, elle se jeta à corps perdu dans la construction d'une flotte de commerce, certaine que « la marchandise suivrait le pavillon ».

Comment reconstituer notre flotte marchande inter-coloniale ? Il m'apparait que là encore nos colonies peuvent beaucoup par elles-mêmes. Jusqu'ici notre flotte coloniale, j'entends, par ce vocable, les bâtiments dont le port d'attache est un port colonial, était inexistante Il faut la créer. Il faut qu'en Indo-Chine, en Afrique du Nord, en Afrique occidentale des chantiers de construction soient ouverts ; nos possessions ont des rades magnifiques ; il est de toute nécessité que ces rades soient peuplées de beaux bâtiments. Grâce à l'emploi de plus en plus intensif de la main-d'œuvre indigène en France, nos possessions trouveront, après la guerre, pour être utilisés dans leurs propres chantiers de constructions navales, des bras jaunes, bruns ou noirs, fort bien exercés ; les forces motrices sont sur place, houilles indo-chinoises, forces hydro-électriques ailleurs ; les matières premières, fer, cuivre, bois, abondent également. La question est d'importance et vaut la peine d'être dès maintenant mise à l'étude.

On nous objectera que ce qui fait la force de la marine anglaise c'est qu'elle possède un fret lourd de sortie : le charbon ; celui-ci nous manque en France et la seule exportation des objets de luxe ou de consommation ne suffirait pas à faire fructifier notre marine marchande, qu'elle soit métropolitaine ou coloniale. Il est facile de signaler que si nos colonies entrent dans la voie du développement industriel qui est nécessaire et pour elles et pour la Métropole, ce fret lourd de sortie de nos ports vers leurs ports est en partie assuré, c'est l'outillage économique : rails, fers, machines-outils, machines agricoles, chaudières, dynamos, etc., etc... tout au moins pendant une longue période.

On peut donc sans craindre l'insuccès favoriser le développement de la marine marchande coloniale. C'est une tâche difficile, mais sacrée ; sur elle reposent tous les plans d'expansion que nous avons esquissés pour l'après-guerre. Si l'on veut édifier enfin une solide et somptueuse maison coloniale, il faut bâtir cet édifice non sur des sables mouvants, mais sur un roc solide ; ce roc ne peut être qu'une belle marine marchande sur les bâtiments de laquelle flottera, allègrement, le drapeau aux trois couleurs, celui de Dixmude et celui que les sous-marins pirates n'ont pu abattre...

VIII

CONCLUSION

En résumé les colonies ne seront ni des eldorados ni des déserts, ce sont simplement des terres qu'il faut labourer, ensemencer, faire fructifier, ce sont des richesses qu'il faut mettre en valeur. Cela demande du temps, des hommes et des capitaux.

Une fois la paix assurée, une fois les premiers défrichements opérés, l'œuvre du soldat est terminée, la colonie se transforme en terre d'influence économique. La possession lointaine doit en quelque sorte vivre sa vie économique par la Métropole et pour la Métropole, elle entre dans l'action économique de la Mère-Patrie et en fait partie intégrante. Le lien est, dès lors, si fort entre elles que le régime politique sous lequel est administrée une terre lointaine importe peu, car, dans ses artères, circule le même sang par suite de l'étroite connexité des intérêts commerciaux et industriels, et, fatalement, à la communauté de ces besoins vitaux s'allie un jour celle de la culture intellectuelle. Les grands Dominions britanniques peuvent-ils être considérés comme des colonies anglaises au sens étroit du mot? Ce sont des pays indépendants qui ont leurs finances, leurs administrations, leurs armées. S'ils sont venus combattre avec une indomptable énergie aux côtés de nos alliés, c'est de leur plein gré. Mais ces mêmes Dominions sont essentiellement des centres d'influence anglaise. Peut-être est-ce là la formule coloniale de l'avenir ? Elle a beaucoup varié du reste, cette formule, depuis que l'Europe colonise : exploitation à outrance des terres nouvelles sans prévoyance ; monopolisation étroite des colonies pour les Métropoles avec un réel effort de mise en valeur, telle que l'ont faite les Anglais et les Français sous l'ancien régime ; libération économique de plus en plus grande jointe à une indépendance de plus en plus marquée, évolution qu'ont déjà parcourue les grands Dominions anglais et que parcourt en ce moment notre Afrique du Nord et sur certaines questions notre Afrique Occidentale et notre Indo-Chine.

On peut donc concevoir que la colonie des temps à venir ne sera pas une « terre privilégie », monopolisée pour une Mère-Patrie, mais une zone d'influence qui se trouvera profondément attachée à la Métropole par les intérêts économiques d'une part, mais aussi par la langue, les mœurs, la culture intellectuelle et le souvenir du sang versé ensemble sur les mêmes champs de bataille. Il y là quelque chose de souple tirant sa force de sa souplesse même. Cette conception au surplus semble conforme à la définition de la Nation donnée par Renan : communauté d'aspiration, de culture, de langue, de souvenirs et de tradit on, éléments impondérables qui, plus que la force, cimentent les possessions lointaines à une Métropole.

LIVRE II

LES COLONIES PENDANT LA GUERRE

I

COMMENT « ONT TENU » NOS COLONIES

Nous avons tous, dès maintenant, la notion précise des difficultés économiques qui surgiront pour le Pays au lendemain des hostilités. Immense labeur et dure tâche où nous devrons tous apporter notre volonté de vaincre. Ce n'est pas en vain que, milliards par milliards, s'épuise notre proverbiale richesse nationale. La reconstituer sera une œuvre de longue haleine. Semblable au riche propriétaire qui aurait dépensé sans compter, la France devra, sous peine de courir à des catastrophes financières, restreindre son train de vie et utiliser dans la plus large limite sa terre et les produits de sa terre.

Nous devons donc vivre le plus possible sur notre domaine, et pour ceux qui en craignent l'étroitesse, rappelons-leur encore une fois que ce domaine de la France est spacieux, qu'il comprend des terres africaines, indo-chinoises, qu'arrondissent encore des territoires situés dans l'Océan Indien, en Amérique et jusqu'aux confins du monde dans les immensités du Pacifique. Il y a une France africaine et une France extrême-orientale, une France américaine et une France australe. Il apparaît donc que nous pouvons subsister sur nos « terres » tout au moins dans une proportion insoupçonnée jusqu'alors.

Avant la guerre, l'utilité des colonies était de jour en jour mieux reconnue. On ne voyait plus dans le fait de posséder des territoires d'outre-mer le simple « train d'une maison qui se respecte » et l'on s'était rendu compte, que si le feu prenait un jour ou l'autre aux « écuries » selon le mot de Berryer, le bâtiment principal serait également atteint. Le sentiment plus net de la patrie en danger qui avait pris corps durant ces dernières années n'était-il pas né des attaques de l'Allemagne contre notre empire d'outre-mer ? Agadir, Algésiras, le Congo avaient fait comprendre à tous que la France coloniale, comme la France métropolitaine était une et indivisible.

Avant l'épreuve que nous traversons on pouvait se livrer à des discussions académiques sur la question de savoir à quoi servent les colonies.

J'ai cité plus haut ce ministre de l'ancien régime affirmant que la « destination » des Colonies est de « consommer le trop-plein des produits du royaume ». C'était l'idée des physiocrates, c'était, hier encore, l'idée de nos protectionnistes, les dépenses faites pour l'expansion coloniale ne se justifient que si nous nous réservons le monopole commercial des pays soumis, formule moderne de l'ancienne règle du monopole du pavillon.

D'autres pensaient que nos possessions devaient fournir les matières premières que la métropole transforme en objets fabriqués. C'était là une simpliste division du travail qu'il ne faudrait pas exagérer. La grande utilité des colonies, disions-nous avant la guerre, c'est d'être une occasion d'activité permanente pour le pays. La richesse d'une nation, c'est l'outillage, les relations commerciales, l'habileté financière. Avant les heures actuelles on pouvait dire que la colonisation activait le tirage de la vie sociale ; après la guerre la colonisation sera un des principaux facteurs de la renaissance économique de la France épuisée. Telle est la brutale réalité des faits.

Obligé de vivre sur ses propres ressources notre pays ne pourrait se relever assez vite. Aidée, secondée par les multiples richesses de ses terres lointaines, la France pourra, en ne faisant appel à l'étranger que dans le minimum de cas possibles, reprendre plus facilement la lutte économique. Si les bras lui manquent, la main-d'œuvre coloniale viendra suppléer à cette crise. Puisque l'or ne doit pas sortir inutilement du pays, pourquoi aller acheter à l'extérieur le fer, le cuivre, les phosphates, la houille, le nickel que nous pouvons trouver chez nous ? Pourquoi acheter autant de blé américain, alors que nous pouvons augmenter la production du blé nord-africain ? Nous avons des centaines et des centaines de demeures détruites dans nos régions envahies, prenons les bois du Congo, de Madagascar, de la Guyane et laissons de côté ceux des pays étrangers. Ce n'est pas sans émotion que je verrais pour ma part consolider, par un tronc d'okoumé de l'Afrique Equatoriale, la charpente d'une de nos vieilles demeures ardennaises faite en chênes de l'Argonne. Peut-être lorsque tout sera clos dans la maison reconstruite, le vieil arbre de l'Argonne dira-t-il tout bas à celui de l'Afrique lointaine comment à ses pieds se sont battus les tirailleurs noirs de son pays, tandis que celui d'outre-mer racontera comment est tombé dans la grande forêt l'enfant de nos villages qui se battait au Cameroun. Indissoluble a été le lien entre la France et ses colonies pendant la lutte, inséparable doit être après la guerre l'effort économique de la Métropole et celui de ses possessions.

Une intime union d'intérêts et de sentiments rattache désormais les uns aux autres tous les participants de la famille française élargie. Nos sujets noirs nous vendront leurs produits et achèteront ceux de nos fabriques. Bien plus l'appauvrissement de la Métropole l'obligera à ménager ses ressources et à se créer des débouchés nouveaux les moins onéreux possible, c'est-à-dire non grevés de droits fiscaux trop élevés. Ces débouchés, ce seront les colonies.

D'ailleurs tout va concourir à leur utilisation. La guerre l'aura singulièrement facilitée. Tous ces noirs et ces jaunes que la lutte a mêlés à notre vie militaire ou ouvrière vont rentrer chez eux singulièrement transformés. C'est toute une main-d'œuvre éduquée qui se prépare chez nous, c'est toute une clientèle aussi que nous allons renvoyer là-bas, avec des goûts nouveaux et des besoins multiples à satisfaire. Le manque de main-d'œuvre a longtemps arrêté dans certaines régions notre esprit d'entreprise. La guerre aura préparé cette main-d'œuvre. Bien mieux, elle aura en même temps créé une clientèle locale. Il restera à profiter de situations aussi favorables.

Le rôle des colonies est donc singulièrement important pour l'après-guerre. Les pouvoirs publics en ont-ils compris toute la portée? Nous l'espérons.

.˙.

Depuis les vingt-neuf mois que la guerre dure, nos colonies n'ont guère connu les horreurs du combat : quelques obus tombèrent dès le 4 août 1914, sur Bône et sur Philippeville, lancés par le *Breslau* et le *Gæben* dans leur fuite vers la Corne d'Or ; un mois après, le 22 septembre, les canons du *Gneisenau* et du *Sharnhorst* ont détruit plusieurs centaines de paillotes indigènes de la ville de Papeete et coulé la canonnière *La Zélée*, réfugiée dans notre rade tahitienne. Quelques jours plus tard un autre croiseur allemand, le *Nurnberg*, s'arrêta dans la baie du Contrôleur, en Océanie française, et son équipage s'empara — la force armée représentée par trois gendarmes s'étant retirée dans le cœur de l'île — de la... caisse de la gendarmerie.

Si les frontières de nos colonies n'ont pas été violées par les armées ennemies, nos possessions d'outre-mer n'en ont pas moins pris une part considérable à la Défense nationale. L'effort colonial s'est manifesté dans tous les domaines ; on sait le nombre et la valeur des contingents militaires qui sont venus de nos possessions d'outre-mer combattre sur les champs de bataille européens ; aux bataillons recrutés là-bas il faut ajouter la pacifique armée des travailleurs coloniaux dont l'effectif dépasse à ce jour 60.000 ouvriers et manœuvres qui travaillent dans les usines de guerre. On sait également que, sans cesse, voguent sur les océans les vapeurs français et alliés qui vont décharger dans nos ports de multiples et indispensables denrées coloniales, sucre, café, alcools, arachides, peaux, blé, vins, riz, viandes frigorifiées.

Les Colonies ont répondu sans compter à l'appel de la Métropole. Les ténébreuses manœuvres que nos ennemis avaient espéré pouvoir poursuivre dans nos possessions d'outre-mer pour susciter des révoltes n'ont donné aucun résultat. C'est aux heures du danger, dit-on, que se révèlent la noblesse des caractères, la solidité des institutions et les forces jusque-là insoupçonnées. La guerre actuelle aura fait connaître à la France entière combien ont été fructueux les pénibles et longs efforts de tous ceux qui, disciples de Jules Ferry, ont lutté pour la création de la Plus Grande France, certains qu'au jour de l'agression la loyauté et les ressources de nos possessions nous aideraient à refouler l'ennemi au delà de la « ligne bleue des Vosges ».

On peut se demander si le fait pour nos terres lointaines de prodiguer leurs ressources de toute nature n'a pas déterminé comme une rupture de leur équilibre économique. Une étude rapide de la situation financière des budgets coloniaux permet de constater que les colonies ont pu « tenir », bien plus un certain nombre d'entre elles ont vu réapparaître une prospérité oubliée depuis de longues années. S'il est vrai que les finances publiques sont le miroir de la situation économique d'un pays, l'examen des budgets coloniaux pendant les deux premières années de la guerre permet une vue d'ensemble sur les répercussions économiques que les événements actuels ont déterminées dans nos « Nouvelles Frances ».

D'une manière générale, le brusque passage de l'état de paix à l'état de guerre, la mobilisation et l'absence de relations régulières avec l'Europe y ont suscité de sérieuses difficultés économiques. Il y eut une crise, heureusement passagère et qui ne fut, pour ainsi dire, que superficielle. L'armature résista. Bientôt, grâce au labeur de ceux qui sont restés là-bas, une activité nouvelle a pris corps et il apparaît, dès maintenant, que les colonies sortiront grandies de l'épreuve. Ce sont là des phénomènes généraux, bien que d'une manière plus précise, l'évolution économique là-bas ne se soit pas reproduite partout d'une façon identique. Pour le point de vue qui nous intéresse, on peut diviser les colonies en trois groupes assez distincts.

Dans le premier, il y a lieu de ranger celles pour lesquelles les répercussions de la guerre ont revêtu un caractère particulièrement grave et qui, plus atteintes par le mal que les autres, sont encore convalescentes ; pour elles, il est bien des précautions nécessaires à prendre et il faut soutenir pendant quelque temps leurs pas chancelants.

Le deuxième groupe est constitué par celles qui se sont trouvées subitement aux prises avec des difficultés inattendues, celles-là ont eu peine au début à faire face à cette situation, mais elles n'ont pas tardé à reprendre pied et actuellement elles poursuivent, retrempées plus solidement que jamais, leur marche ascendante dont à juste titre elles s'enorgueillissaient avant la guerre.

Le dernier et troisième groupe forme ce que nous pourrions dénommer, sans intention malveillante, le groupe des « nouveaux riches », représenté par les colonies dont les productions ont trouvé sur notre marché un débouché aussi inattendu qu'important, nous voulons parler des vieilles « isles » de notre ancien domaine d'outre-mer, si prospères autrefois par l'industrie sucrière et que l'industrie européenne de la betterave avait pour ainsi dire tué. Cette industrie vient de refleurir revêtant les vieux rameaux de notre arbre colonial d'une floraison nouvelle aux fleurs d'autant plus belles qu'elles sont, nous le craignons, destinées à se faner rapidement et ainsi viennent de se redorer de vieux blasons que les ans avaient quelque peu ternis.

I

Saint-Pierre et Miquelon

Perdue dans les brumes de l'Océan, Saint-Pierre et Miquelon souffrait depuis de longues années de la décadence de notre marine marchande et de la diminution progressive de l'armement français pour « Terre-Neuve ». La vie économique de l'île gravitant tout entière autour de l'industrie de la pêche de la morue s'anémiait à mesure que se faisait plus rare l'envolée vers ses rives des voiles des goélettes cancalaises, malouines et normandes. Les ressources financières de notre colonie de Saint-Pierre et Miquelon diminuaient d'exercices en exercices. Les résultats de l'exercice 1913 accusaient un déficit budgétaire de 3.891 fr. 99 et cependant il avait fallu opérer un prélèvement de 40.000 francs sur la caisse de réserve. Le déficit de l'exercice 1914 a été plus élevé que le précédent et atteignait 19.251 francs.

En 1915, les effets de la mobilisation se firent plus rudement sentir encore qu'ailleurs, les inscrits maritimes, c'est-à-dire la presque totalité de la population mâle, abandonnèrent la pêche pour rallier leurs postes de mobilisation et le rendement des impôts diminuait encore. Le déficit budgétaire se montait à 24.690 francs. Il fut nécessaire de faire appel aux finances métropolitaines pour le solder. L'Etat est, en outre, venu en aide au Budget de la Commune de Saint-Pierre pour 30.000 francs. Les mêmes considérations qui ont influé d'une manière défavorable sur la situation économique de Saint-Pierre et Miquelon en 1915 n'ont pas varié en 1916. Malgré une compression de dépenses de 44.173 francs le budget de 1916 prévoit aux recettes une subvention métropolitaine de 101.000 francs, pour combler le déficit probable. Il n'est pas douteux que de toutes nos colonies, Saint-Pierre et Miquelon est de beaucoup celle qui a le plus souffert de la guerre ; la cause principale de cet état de choses est l'appel sous les drapeaux des marins tant métropolitains que Saint-Pierriens qui formaient les équipages de la flottille de la « Grande Pêche », ainsi que l'apparition de plus en plus rare du pavillon français sur les bancs de Miquelon.

⁂

La Guyane.

Située hors des voies habituelles du trafic maritime, notre colonie américaine de la Guyane a ressenti fortement les conséquences de la guerre, sa situation économique, commerciale et industrielle a été atteinte dans des proportions notables, en raison du manque de moyens de transport. Les matières premières ne font pas défaut, mais elles restent à quai. Les événements actuels devront ouvrir les yeux les plus obstinément fermés sur l'impérieuse nécessité de faire un effort considérable pour notre marine marchande, la reprise de la vie économique dans nos colonies est en « fonction directe » du développement de notre marine. L'état de marasme dans lequel se trouve le commerce guyanais a influé sur la situation budgétaire. Les finances de la Guyane avant la guerre sans être très prospères n'étaient pas mauvaises ; les budgets s'équilibraient et la Caisse de réserve bénéficiait de légers excédents de recettes. L'exercice 1912 s'était clôturé avec un excédent de recettes de 53.185 fr. 64, celui de 1913 avec un excédent de 99 fr. 18. Le déficit apparaît dès 1914 ; en 1915, il atteint 180.308 francs. Un emprunt effectué par la Colonie auprès de la Banque de la Guyane permet de combler ce déficit. Le budget en cours est, d'après les derniers renseignements, établi avec la plus grande prudence, il se monte à 3.485.000 francs, alors que celui de 1915 avait été arrêté à 3 millions 782.133 francs, ce qui représente une diminution de 297.123 francs. La caisse de réserve accuse un avoir de 636.753 francs.

Il ne paraît pas que la prolongation de la guerre aggrave beaucoup la situation économique de la

Guyane, mais, ce qui est certain c'est que la guerre aura, dès la libération de nos départements envahis, une influence heureuse sur le commerce d'exportation guyanais. Le marché français aura, pour ainsi dire presque subitement d'importants besoins de bois pour la reconstitution des villes et des villages détruits. Ces bois, les forêts de la Guyane sont à même de les fournir et il est hors de doute que oute la situation économique de la colonie dont il s'agit n'en sera pas profondément modifiée. Si donc notre possession américaine traverse une crise, celle-ci n'est que passagère, bien plus, si étrange que cela puisse paraître, la guerre pourra devenir pour elle une source de profits imprévus.

*
* *

La Nouvelle-Calédonie.

La guerre devait affecter durement notre colonie de la Nouvelle-Calédonie par suite de l'absence de transports réguliers et par l'appel sous les drapeaux des Européens installés là-bas et le ralentissement de l'activité de plusieurs entreprises minières et des usines métallurgiques.

Après les déboires et les vicissitudes que l'on sait, la Nouvelfe-Calédonie venait d'entrer dans une ère de prospérité, en 1913 les exportations avaient atteint la somme de 15.838.405 francs alors qu'en 1910 elles ne s'étaient élevées qu'à 9.732.047 francs. Un pareil état de choses permit de solder l'exercice 1913 par un excédent de recettes de 149.069 francs. La guerre a profondément troublé la situation économique de la colonie et, par suite, sa prospérité financière. Il fut nécessaire de pratiquer une politique budgétaire prudente, aussi le budget de l'exercice 1915 fut-il arrêté à 4.337.000 francs pour les recettes ordinaires ; les circonstances nécessitaient cette sensible réduction de 339.573 francs sur le chiffre de 1914 et il était prévu 591.976 francs aux recettes et aux dépenses extraordinaires.

Afin d'assurer l'équilibre du budget de 1915, un décret du 7 juin 1915 autorisa la Nouvelle-Calédonie à recourir à un emprunt de 750.000 francs, réalisé au moyen d'une émission sur place des bons du Trésor local. Cette émission a laissé un disponible de 300.000 francs qui a servi à équilibrer le budget de 1916, arrêté lui-même au total de 4.437.820 francs.

Pour l'exercice 1917 on escompte un déficit de 560.000 francs, déficit que l'on espère combler en partie par les revenus tirés du monopole des tabacs, institué par un décret du 22 octobre 1916.

Depuis ces derniers mois les entreprises minières ont repris quelque activité, ainsi que les usines métallurgiques grâce à l'apport d'une main-d'œuvre hélas ! trop rare encore ; des efforts ont été faits pour envoyer à Nouméa des vapeurs de charge et il apparaît déjà que la colonie voit s'améliorer sa situation financière.

*
* *

Côte des Somalis.

Port de transit plutôt que colonie d'exploitation, notre possession de la Côte Française des Somalis a subi un arrêt brusque de ses importations, presque toutes destinées à son hinterland, l'Abyssinie, et parmi celles-ci celles des armes et des munitions. Les exportations ont été, également, arrêtées dans une forte mesure. En 1912, le commerce général de la Côte des Somalis s'élevait à 77.363.000 francs, en 1914 il était descendu à 72.335.000 francs et en 1915 à 65.102.000 francs. Une des causes de la réduction des chiffres du mouvement du commerce genéral est la brusque disparition sur la place de Djibouti des transactions austro-allemandes qui représentaient en 1913 plus de 7 millions et demi. Une telle situation devait fatalement réagir sur le budget de la Côte des Somalis presqu'entièrement basé sur les droits de douane. Aussi n'est-il pas surprenant que l'équilibre budgétaire n'ait été, en 1915, obtenu que par un prélèvement de 250.000 francs sur la caisse de réserve qui présentait à cette époque un avoir de 2.655.507 francs. L'exercice 1916 comporte un prélèvement de 200.000 francs sur la caisse de réserve. D'après les renseignements que j'ai pu recueillir à ce sujet, au 30 juin 1916, aucun prélèvement n'avait encore été opéré au titre de l'exercice 1916 et la situation du second semestre se présentait sous un jour favorable.

La Côte des Somalis a donc souffert dans une certaine mesure de la guerre, mais cette colonie n'ignore pas que la guerre est pour elle une période d'attente, une veillée des armes et, qu'après les hostilités, le trafic de notre port de la mer Rouge reprendra plus intense que jamais. N est-ce point en pleine guerre, en mai 1915, que le chemin de fer franco-éthiopien a atteint Addis-Ababa !

*
* *

L'Inde française.

Vivant pour ainsi dire comme repliés sur eux-mêmes, nos Etablissements dans l'Inde n'ont pas été gravement affectés par les événements. Par toute une série de prévoyantes mesures on est parvenu à étayer le budget d'une façon à peu près satisfaisante. Il résulte des renseignements recueillis à ce sujet rue Oudinot qu'au 30 juin 1916, l'excédent des recettes sur les dépenses pour l'exercice 1915 était de 141.133 roupies, dû à la compression constante et au contrôle incessant apportés dans les engagements de dépenses et à une recette extraordinaire et accidentelle de 104.250 francs représentant la conversion en francs de l'encaisse métallique du Trésor par suite de l'élévation du taux de la roupie. La situation financière se maintient, sinon franchement favorable, du moins aussi normale que le permettent les difficultés présentes, ainsi qu'en témoigne le tableau suivant :

Exercices	Excédent des Recettes sur les Dépenses (en roupies)	Caisse de réserve	
1913 (31 mai 1914)...	231.705	31 mai 1914......	493.412
1914 (31 mars 1915)..	215.137	30 juin 1915......	458.171
1915 (30 juin 1916)...	141.135	30 juin 1916......	518.463

*
* *

Etablissements de l'Océanie.

Les Etablissements français de l'Océanie ont été à l'honneur. Papeete a été bombardée. La venue des croiseurs allemands en Océanie, les ruines causées par le bombardement, l'éloignement de nos Etablissements océaniens et la quasi absence de trafic maritime pendant de longs mois ont suscité une crise économique grave dans cette colonie. La crise ne fut que passagère grâce à une administration prudente et à une renaissance de l'activité économique de la colonie qui a concordé avec le relèvement du prix du coprah. Aussi l'exercice 1915 s'est clôturé dans d'excellentes conditions, il a même permis de faire face à des dépenses extraordinaires s'élevant à plus de 200.000 francs pour la construction d'un grand poste de radio-télégraphie.

A la veille de la guerre nos Etablissements de l'Océanie commençaient réellement à « rendre ». L'exportation du coprah, celle toute récente des phosphates étaient des éléments de richesse chaque année plus importants. L'exercice 1913 avait été le plus fructueux pour les finances de la colonie. L'excédent des recettes sur les dépenses versé au fonds de réserve s'est élevé à 691.275 francs. L'exercice 1914 avait déja ressenti les atteintes de la guerre et malgré cela s'était clôturé par un excédent de recettes de 28.496 francs.

Le budget de 1915 a été arrêté en recettes et dépenses à 2 millions 581.588 francs. Au 31 décembre 1915, les recettes s'élevaient à 3.480.505 fr. et les dépenses à 2.943.261 francs. En 1916, le budget a été arrêté en recettes et dépenses à la somme de 2.490.850 francs ; au 1er juillet 1916 les recettes s'élevaient à 1.150.609 francs et les dépenses à 813.762. La crise qui a atteint la colonie paraît donc être conjurée et lentement notre possession se remet de la secousse, se préparant à prendre un essor nouveau au jour de la victoire.

II

On sait que le principe qui a dominé la création de l'armature financière de nos grands gouvernements généraux a été de constituer les ressources de leurs budgets grâce surtout aux revenus tirés des droits d'entrée et de sortie. C'est là une excellente politique financière de temps de paix, aussi nombreux étaient ceux qui craignaient qu'en cas de guerre, par suite de la séparation plus ou moins totale qui aurait lieu entre la mère-patrie et les colonies, de tels budgets, basés presqu'exclusivement sur ces recettes douanières ne s'effondrassent. Les événements présents viennent de démontrer que si dans une certaine mesure, les finances de nos grands gouvernements généraux de l'Indo-Chine, de l'Afrique Occidentale et de l'Afrique Equatoriale ont été affectées au début des hostilités, l'extrême vigueur de la vie économique de ces mondes qui venaient de s'éveiller sous notre impulsion, jointe à la liberté des mers, née de notre alliance avec l'Angleterre, a rapidement permis de surmonter les difficultés.

* * *

Afrique Equatoriale.

Les finances du gouvernement de l'Afrique Equatoriale ont été parmi celles de nos gouvernements généraux les plus atteintes. Ceci s'explique fort facilement : les principaux produits d'exportation, les bois des forêts gabonaises, ne sortent plus qu'en petites quantités parce que leur débouché, le port de Hambourg, ne peut plus, et pour cause, les recevoir et que, par une négligence coupable, nous n'avons fait encore aucun sérieux effort pour effectuer au profit de Marseille, de Bordeaux ou du Havre cette « reprise économique ». On ne saurait trop répéter que, sur une exportation globale de 150.688 tonnes représentant une valeur de plus de 8 millions de francs en 1913, l'Allemagne entrait à elle seule pour 67.167 tonnes représentant une valeur de plus de 3 millions, c'est-à-dire 45 0/0 environ de l'exportation totale. Or, l'exploitation forestière est le seul commerce important de l'Afrique Equatoriale. A cette diminution notable des exportations des bois doivent s'ajouter diverses causes qui ont influé défavorablement sur la situation économique de l'Afrique Equatoriale ; irrégularité et diminution du nombre des bâtiments séjournant dans les ports, difficultés nées des obligations militaires qui ont atteint le personnel des factoreries. Les finances de l'Afrique Equatoriale se sont donc trouvées d'autant plus obérées par suite des répercussions de la guerre sur le mouvement commercial qu'elles étaient en relations étroites avec ledit mouvement. A la clôture de l'exercice 1913, le budget général qui se montait à 6.400.000 francs se soldait par un excédent de 746.378 francs et la caisse de réserve atteignait une encaisse de 2.777.826 francs. L'exercice 1914 marque, non un effondrement dans les recettes, mais néanmoins un déficit de 1.184.179 francs, comblé grâce aux ressources de la caisse de réserve. La situation financière actuelle de l'Afrique Equatoriale française peut être représentée par le tableau ci-contre :

Désignation des Budgets	Montant des crédits budgétaires en francs	Résultats de l'exercice Différence entre les recettes et les dépenses	Montant des Caisses de réserve à la clôture de l'exercice
Budget général.........	4.070 000	438.607	1.148.039
Gabon.................	1 875.000	20.882	294 050
Moyen-Congo...........	1.800 000	464.268	507.916
Oubangui-Chari Tchad..	3.589.000		751.217

* *

Afrique Occidentale.

Le budget général de l'Afrique occidentale devait également pâtir du ralentissement du mouvement commercial de la colonie durant les premiers mois de la guerre. Arrêté avant les hostilités à 23.495.058 fr. le budget général de l'A.O.F. s'est brutalement trouvé en face d'un déficit de recettes de 7.603.652, qu'il a fallu combler au moyen de prêts consentis par les Caisses de réserve des budgets de l'A. O. F. s'élevant à 6.020 000 francs et d'un prélèvement sur les caisses de réserve du budget général de l'A. O. F. de 1.583.652 francs. Les recettes et dépenses de l'exercice 1915 se sont élevées à 65.455.160 francs dont 22.673.016 francs pour le budget général. Les recettes et dépenses de l'exercice 1916 atteindront, d'après les derniers renseignements, à la clôture de l'exercice, si on en juge par l'excédent de recettes constaté au 30 septembre 1916 qui s'élève à 3.737.346 francs, le chiffre de 67.760.081 francs, soit une augmentation probable de 4.900.000 francs.

L'examen comparatif des budgets de l'Afrique Occidentale de l'exercice 1915 et les prévisions budgétaires de 1916 permet de constater que la situation financière des Colonies de l'Afrique Occidentale s'est grandement améliorée depuis le début des hostilités. Pour seconder les louables efforts du Gouvernement général de l'Afrique Occidentale, le Parlement avait, en 1916, consenti une ouverture de crédit de 15.500.000 francs sur le Trésor Public sous forme d'avances remboursables.

* * *

Indo-Chine.

La Métropole a fait largement appel aux ressources indo-chinoises et surtout à la principale d'entre elles, le riz, pour le ravitaillement de sa population civile et pour celui de l'armée. Aussi la situation économique de l'Indo-Chine depuis 1914 est demeurée parfaitement saine. Si, depuis la guerre, les importations dans notre grande possession d'Extrême-Orient ont diminué, les exportations ont à peine baissé, le riz n'a accusé, par exemple, à l'exportation qu'une diminution de quelques milliers de tonnes en 1915 par rapport à 1914. La situation financière a été et est actuellement le reflet exact de cette excellente situation économique.

Les budgets de 1914 se sont exécutés dans des conditions pleinement satisfaisantes, les recettes du budget général se sont élevées à 43.083.846 *pias-*

tres (1) dépassant de 8.298.546 p. les prévisions budgétaires et de 2.494.109 p. les recettes correspondantes de l'exercice 1913.

Les recettes de l'ensemble des budgets locaux ont été de 27.714.542 p. dépassant de 2.120 359 p. les prévisions budgétaires et de 2.268.086 p. les recettes correspondantes de l'exercice 1913. De cet état dechoses il est résulté des excédents de recettes considérables, 9.875.000 p. pour le budget général et 2.666.000 p. pour les budgets locaux. Ces excédents versés aux caisses de réserve ont porté celles-ci aux chiffres suivants :

19.305.137 p. pour la caisse de réserve du budget général.

6.048.826 p. pour la caisse de réserve des budgets locaux.

L'exercice 1915 a subi davantage le contre-coup de la guerre et a dû supporter des charges exceptionnelles et imprévues. Il a fallu régulariser plus de 400.000 p. de transmissions métropolitaines et faire face à 700.000 p. de dépenses de guerre. Le compte de change qui avait donné en 1914 un bénéfice de 500.000 p. greva l'année 1915 d'une perte de près de 3 millions de *piastres*. Néanmoins et malgré ces circonstances fâcheuses, à la fin de 1914, les recettes

(1) Les chiffres du budget de l'Indo-Chine sont donnés en *Piastres*.

atteignaient 40.518.619 p. en augmentation sur les dispositions budgétaires de 5.246.719 p.

Devant les résultats acquis et devant la facilité et la régularité des perceptions, le gouvernement général a jugé qu'il pouvait prévoir pour le budjet de 1915 des augmentations dans le chiffre des recettes. Il y a lieu d'ajouter, et ceci prouve l'extrême prudence avec laquelle sont fixées ces élévations de recettes, que ces chiffres sont, d'ailleurs, inférieurs de plus de 2 millions aux perceptions réalisées pendant l'année 1915 et de plus de 5 millions aux résultats du précédent exercice.

Les dépenses ont subi un accroissement égal à celui des recettes. Rien n'indique mieux dans quel esprit ont été effectuées ces augmentations que le fait de constater que la principale augmentation porte sur une somme de 1.159.000 p. sur la subvention accordée aux budgets locaux en vue de leur permettre d'assurer, non seulement l'équilibre de leurs dépenses courantes, mais l'exécution des travaux secondaires indispensables à la prospérité de chaque pays.

Le budget général de l'Indo-Chine pour l'exercice 1916 a été fixé à 42.040.500 p. La situation économique favorable de notre possession d'Extrême-Orient qui a pu continuer à développer ses industries et son commerce local grâce à des relations toujours plus étendues avec la Chine et le Japon a permis de compter des excédents de recettes. Au 3 octobre 1916 l'exécution des budgets en cours accusait des rentrées budgétaires en augmentation de près de 9 millions de *piastres* sur les prévisions budgétaires et de 6.390.926 p. sur les résultats de la même période en 1915. Au 30 septembre 1916, enfin, les excédents versés aux caisses de réserve avaient porté celles-ci aux chiffres suivants :

Caisse de réserve du budget général, 20.013.199 p.

Caisse deréserve des budgets locaux, 6.932.874 p.

Ces excédents proviennent à la fois de plus-values dans les recettes et d'annulation de crédits.

La présence des excédents indiqués plus haut s'explique par les circonstances actuelles qui ont déterminé une hausse graduelle de la piastre qui rend moins onéreux le paiement des dépenses en francs et surtout à l'enrichissement ininterrompu de l'Indo-Chine, enrichissement qui se manifeste non seulement dans le rendement des contributions indirectes dont profite le budget général, mais encore dans les plus-values que produisent les impôts directs qui alimentent les budgets locaux des divers pays de l'Indo-Chine.

La guerre n'a donc pas entravé le développement économique de l'Indo-Chine française, certes notre Colonie n'a pas pu donner à ce développement toute l'ampleur désirable, mais elle a pu « tenir » plus qu'honorablement. D'aucuns prétendaient que l'armature financière de notre possession d'Extrême-Orient était factice, la guerre vient de donner un démenti à cette opinion.

III

Madagascar

Sans pouvoir recevoir le qualificatif de « nouveau riche », le Gouvernement général de Madagascar a vu sa puissance économique se développer d'une façon inattendue durant ces derniers mois grâce aux nombreux achats de matières premières, peaux, graphite, or, ou de productions : riz, viandes frigorifiées, bois, faits chaque mois en quantités plus considérables par la Métropole. Depuis 1915, cinq usines frigorifiques sont en plein rendement et avaient expédié en France, en septembre 1916, plus de 200.000 quintaux de viande frigorifiée et 20.000 quintaux de conserve. Les usines de guerre réclament des envois toujours plus grands de graphite dont les expéditions atteignent 1.500 tonnes par mois. La situation financière s'est ressentie favorablement de cet accroissement du mouvement des exportations de la grande Ile. Après avoir été un moment chancelantes, les finances de Madagascar se sont affermies et nulle inquiétude ne peut naître, à ce point de vue, au contraire. Grâce à l'essor brillant que les circonstances actuelles ont donné au commerce d'exportation malgache, le budget de 1916 indique une situation financière plus satisfaisante que celle des quatre exercices précédents à l'époque correspondante ainsi que le témoigne le tableau ci-après :

Situation à la fin du 2e trimestre, des recettes et des dépenses des Exercices 1916, 1915, 1914, 1913 et 1912.

Recettes

1er semestre	Budget local ordinaire	Budget du chemin de fer	Budget do l'A. M. I.	Totaux
1916 ..	18.418.722,26	1.875.118,19 (1)	1.214 523,57	21.618.279,64
1915 ..	15.181.652,76	1.519.625.11 (2)	1.232.341,77	17.884.281,85
1914 ..	14.408.770,47	1.669.723,58 (3)	1.228.696,39	17.317.190,44
1913 ..	14.227.833,10	1.245.587,89 (4)	1.183.003,98	16.705.762,76
1912 ..	14.049.062,80	5.973.751,39 (5)	1.314.439,19	16.237.337,76

Dépenses

1er semestre	Budget local ordinaire	Budget annexe du chemin de fer	Budget de l'A. M. I.	Totaux
1916......	11.228 716,46	920.218,82	709.052,53	12.857.987,81
1915......	11.131.081.80	792.976.61	778 572,87	12.702.631,28
1914......	11.071.685.99	735.520,99	825.355,97	12 632 562,85
1913......	18.323.271,89	882.651 67	695.340,24	11 901.263,90
1912......	10.128.420,79	592.140,93	551.221,02	11.271.782,74

(1) Y compris le montant des réquisitions (716.306 64)
(2) — — — (570.855 90)
(3) — — — (952.124 70)
(4) — — — (419.522 55)
(5) — — — (298.067 08)

Excédent des recettes sur les dépenses

1916..........	7.200.005,80	954.899,37	705.386,66	8.760.291,W
1916..........	7.200.005,80	954.899,37	705.386,66	8.760.291,83
1915..........	4.050.570,96	726.648,50	404.431,11	5.181.650,57
1914..........	3.337.084,58	934.202,59	413.340.42	4.684.627,59
1913..........	3.904.561,11	362.936,22	537.001,53	4.804.498,86
1912..........	3.920.642,01	381.610,46	663.302,55	4.965.555,02

L'avoir de la caisse de réserve de la colonie au 1er août 1916 s'élevait à 18.924.882 francs.

On voit que si, par suite du ralentissement de la vie économique, il y a eu pour le budget local un fléchissement en 1914 dans le chiffre des excédents, ceux-ci ont dépassé, en 1915 et en 1916, les chiffres atteints durant les années normales. Là encore la crise économiqne et financière a été rapidement surmontée. Après la guerre, la situation économique favorable que nous signalons se maintiendra-t-elle ? Il y a tout lieu de le croire car la Métropole et nos alliés auront un tel besoin de matières premières et de produits de toute nature que les offres d'achats faits aux industriels et aux commerçants de la Grande Ile seront nombreux. La pauvreté du cheptel national nous obligera à recourir aux viandes frigorifiées, la reconstitution de nos territoires envahis demandera des bois en grandes quantités. La guerre n'aura pas été, en somme, défavorable à Madagascar, elle lui aura même été profitable en lui donnant l'élan nécessaire qui lui avait fait jusqu'ici défaut.

*
* *

Trois de nos colonies ont, on peut le dire, profité de la guerre. Ce sont la Martinique, la Guadeloupe, la Réunion qui, vouées peut-être imprudemment à la monoculture de la canne à sucre, avaient vu disparaître, par l'âpre concurrence des industries métropolitaines et européennes du sucre de betterave, leurs anciennes splendeurs. D'années en années la situation financière de nos vieilles colonies s'obérait et leurs budgets semblaient devoir s'enlizer tôt ou tard, aucune réforme sérieuse ne pouvait être envisagée faute d'argent. L'envahissement du Nord de la France obligea la Métropole à acheter et à demander à ses trois colonies sucrières tout ce qu'elles pouvaient fournir en sucres et en rhums. Brusquement l'industrie sucrière de ces îles passa d'une production réduite à un rendement maximum. A chaque campagne depuis le début des hostilités, plus de 120.000 tonnes de sucre furent envoyées dans la mère-patrie. Une prospérité nouvelle est survenue, les salaires se sont élevés, les usiniers ont réalisé d'importants bénéfices et, chose oubliée depuis longtemps, les Banques coloniales de la Guadeloupe, de la Martinique et de la Réunion ont non seulement consolidé leurs situations, mais distribué des dividendes intéressants à leurs actionnaires.

*
* *

Guadeloupe.

L'équilibre financier des trois vieilles colonies s'est stabilisé. Ainsi pour la seule possession de la Guadeloupe le passif légué par les exercices antérieurs était de 870.000 francs. La guerre semblait devoir aggraver cette situation déjà si périlleuse. Une gestion prudente des finances locales jointe à une compression très énergique des dépenses commencée en 1914 et continuée en 1915, a permis de liquider tout l'arriéré. Tous les créanciers de la colonie ont été désintéressés dans le courant de 1915 malgré la guerre.

Le budget de 1915 avait été arrêté à la somme de 4.670.290 francs. La caisse de réserve était vide depuis le 1er janvier 1915. Le budget de 1916 s'est élevé à 4.913.851.

Rien n'indique mieux combien, par suite de la guerre, la prospérité était grande dans l'île que de constater que 325.425 francs furent versés à la caisse des réserve précédemment vide. Il est à espérer qu'ayant liquidé son passif la colonie s'efforcera de « faire des économies » car il est à craindre que les années de vaches maigres ne reviennent après la guerre.

*
* *

Martinique.

Ce qui est vrai pour la Guadeloupe l'est pour la Martinique ainsi que le démontre la seule comparaison du chiffre des excédents des budgets de 1913 et de 1916 : 238.228 francs en 1913 et 712.000 francs en 1916.

*
* *

Réunion.

La Réunion a également vu ses ressources financières augmenter et ses budgets de 1915 et de 1916 ont enregistré des excédents de recettes provenant d'une part de la plus-value réelle de recettes douanières et d'autre part de la diminution des dépenses. C'est ainsi que la situation financière de l'exercice 1916 accusait au 30 juin 1916 un excédent de recettes sur les dépenses de 274.334 francs. La Caisse de réserve présentait au 1er août 1916 un avoir de 717.415 francs. Les finances de la colonie sont si satisfaisantes qu'elle a renoncé, dès l'exercice 1915, à la subvention métropolitaine de 50.000 francs. En raison des facultés accrues des contribuables, toute une série de ressources nouvelles ont été votées par le Conseil général. Ces ressources nouvelles permettront la suppression de l'impôt personnel, la réalisation d'un important programme de travaux publics, le transport au budget local des dépenses de l'enseignement primaire incombant jusqu'ici aux communes et la création d'une indemnité spéciale de charges de famille aux fonctionnaires.

*
* *

La venue en France des contingents militaires coloniaux, l'emploi de plus en plus intensifié de la main-d'œuvre coloniale ont appris au grand public que les colonies n'étaient pas que « de simples attractions » d'expositions universelles. Le peuple des tranchées comme le peuple de l'arrière s'est rendu compte de l'efficacité de l'entr'aide coloniale pendant la guerre. N'est-ce pas hier encore que d'un élan unanime, la Chambre, protestant contre les sophismes allemands au sujet de l'armée coloniale, envoyait à tous les défenseurs du pays, sans distinction d'origine, de race ou de couleur, le témoignage ému de sa profonde reconnaissance.

Ce que le public ignore en grande majorité, c'est que nos colonies ont pu, pendant la guerre, vivre sur leurs propres ressources et continuer à développer leurs richesses naturelles. Les possessions françaises d'outre-mer ont « tenu ». C'est là un fait important. Ce qui n'est pas moins important, c'est que nos colonies seront pour nous au lendemain des hostilités une source de profits et qu'elles serviront d'abord à étayer notre renaissance économique et à édifier ensuite sur des assises nouvelles, une nouvelle prospérité.

II

LA MAIN-D'ŒUVRE COLONIALE DANS L'INDUSTRIE DE GUERRE

La France d'outre-mer a largement participé à la guerre et les contingents indigènes ont maintes fois contribué à nous assurer la victoire. L'armée d'Afrique n'a pas seulement maintenu sa tradition, fixée à jamais à Magenta, à Solférino, à Sébastopol et à Frœschwiller, elle a accompli de nouveaux exploits dont les fastes seront fixés un jour. Si l'apport de nos colonies en effectifs a été considérable, l'entr'aide coloniale s'est manifestée également dans d'autres domaines : nos colonies ont fourni à la métropole de multiples denrées pour son ravitaillement. Blés et orges nord-africains, riz indo-chinois, bétail malgache, arachides et plantes oléagineuses d'Afrique occidentale, sucres de nos vieilles colonies, tels sont les produits que chaque jour nous envoient nos « Frances lointaines ». Ce n'est pas tout encore, la guerre actuelle réclame un matériel sans cesse accru, les pays belligérants se transforment en immenses usines. Pour faire des canons et des munitions, il faut non seulement des matières premières, mais encore des bras. L'entr'aide coloniale nous est précieuse pour réaliser nos programmes d'armement car elle nous fournit depuis peu une partie de la main-d'œuvre nécessaire.

*
* *

Les diverses races qui ont pour habitat nos possessions d'outre-mer offrent des éléments qui devaient être utilisés dans l'immense armée des travailleurs des usines de guerre. Parmi le peuplement nord-africain, nombreux sont les Algériens, les Marocains et les Tunisiens aptes aux travaux « de force » qui demandent des bras robustes. Le Nord Africain, en effet, s'il est un vaillant soldat, est susceptible également d'être, bien conduit, un excellent manœuvre. Il était logique de rechercher à recruter des travailleurs au sein des huit millions environ d'indigènes peuplant l'Algérie, la Tunisie et le Maroc.

Bien que les travailleurs nord-africains présentent des caractères généraux semblables, il est néanmoins utile d'établir certaines distinctions parmi ces indigènes pour obtenir de cette main-d'œuvre le maximum de rendement possible. Le Marocain,. par exemple, semble doué d'un esprit d'initiative plus développé que celui de l'Algérien ; il n'hésite pas à demander à s'embaucher dans nos usines, mais veut savoir où il va, ce qu'il fera, ce que cela lui rapportera. Depuis de longues années il se produisait au Maroc, vers la fin du printemps, un exode de travailleurs marocains qui venaient comme moissonneurs au service de nos colons d'Algérie et même de Tunisie. D'autres s'embauchaient comme terrassiers chez les entrepreneurs français. Ces travailleurs, généralement originaires du Riff, représentaient un contingent annuel de 5.000 à 6.000 ouvriers. Depuis la guerre, nos ennemis ont fait une propagande active parmi les tribus marocaines non encore soumises à notre obédience, pour arrêter ce mouvement d'émigration saisonnière, en répandant le bruit que les Français enrôlent de force tous ceux qui passent la frontière. Mais parmi la population marocaine du Protectorat, nous avons pu recruter près de 4.000 indigènes qui, venus des régions du Sous, du Dras et même du Tafilalet, donnent aux usiniers toute satisfaction. Ce recrutement fut d'abord essentiellement individuel. Bientôt, lorsqu'on apprit combien les ouvriers marocains avaient été bien traités en France et surtout lorsqu'on sut que ces ouvriers de la première heure avaient rapporté d'importantes économies, un mouvement d'enrôlement se dessina, dès 1916, chez nos protégés. Les Marocains que l'administration militaire recrute pour les usines de guerre perçoivent une prime d'engagement de 40 francs pour trois mois, de 100 francs pour six mois et de 250 francs pour un an. Ils sont habillés, nourris et touchent un salaire journalier de 2 à 3 fr. 50. On compte que 4.000 travailleurs marocains sont actuellement employés dans les usines françaises.

Les travailleurs tunisiens sont, comme les Marocains, des « individualistes ». Ils n'aiment guère se lier par de longs contrats de travail et préfèrent ne séjourner dans une usine que quelques mois. Moins rustres que les Marocains, les travailleurs tunisiens sont plus habiles onvriers ; d'une intelligence ouverte, ils sont vite capables de se perfectionner et de fournir des catégories de travailleurs recherchés. Le ministère de la Guerre les emploie surtout dans les poudreries ou ateliers de réparation d'avions. Mais, de même que les Tunisiens sont susceptibles de s'instruire vite, grâce aux leçons de nos contremaîtres français, de même, hélas ! ils s'assimilent très rapidement nos défauts et nos vices, aussi est-il nécessaire d'exercer sur eux une tutelle morale. L'apport tunisien à notre main-d'œuvre industrielle a été jusqu'ici encore assez restreint ; sur une population indigène de 1.900.000 âmes, il n'est débarqué que 15.000 hommes en France. Un effort doit être fait pour augmenter la participation tunisienne à la Défense nationale.

Les gros bataillons de travailleurs nord-africains sont fournis par l'Algérie, qui a envoyé en France, depuis février 1916, plus de 30.000 indigènes, Arabes ou Kabyles. Les travailleurs algériens fournissent de bons manœuvres aux usines de la Défense nationale, mais ne semblent pas pouvoir être abandonnés à eux-mêmes. Au début du recrutement de la main-d'œuvre coloniale, les travailleurs algériens s'embauchaient à titre individuel par contrat et pour quelques mois, suivant des règles fixées dans un décret du ministre de la Guerre en date du 9 février 1916. On a renoncé à ce mode de recrutement pour le remplacer par la réquisition (arrêté du 14 septembre 1916). De plus, il a été prévu que, chaque année, lors de la revision des classes de jeunes Algériens soumis aux obligations militaires, une portion du contingent formerait les effectifs de « travailleurs ». C'est ainsi que l'on escompte que la revision actuellement en cours en Algérie de la classe 1916, donnera un contingent de 17.000 travailleurs.

Le Gouvernement avait pensé obtenir de la population kabyle une main-d'œuvre agricole abondante. Tout semblait favoriser cette création : habitués à un climat montagneux et rude, les Kabyles devaient facilement s'acclimater en France ; agriculteurs avisés, ils paraissaient pouvoir offrir à nos fermiers de bons et habiles manœuvres. Les essais tentés principalement dans le Loiret n'ont pas donné toute satisfaction. Disséminés dans les fermes, les Kabyles s'étiolèrent, la nourriture préparée à la française ne leur convenait pas et, en présence des gains qu'offrait l'industrie, les ouvriers kabyles désertèrent les campagnes au profit des cités industrielles voisines. Et il apparaît comme certain que la main-d'œuvre rurale kabyle est encore une de ces formules creuses qui ne sont qu'un leurre, devant la réalité des faits. Par contre, les manœuvres kabyles rendent de grands services dans nos usines ; bien encadrés, militarisés, ils forment le fond de notre main-d'œuvre coloniale, plus solides et plus travailleurs que les Arabes, si souvent débilités par la syphilis et par la tuberculose.

La densité du peuplement indo-chinois, les qualités natives des Annamites et la réputation de leurs artisans, amenèrent l'administration militaire à examiner la possibilité de recruter parmi eux une partie de la main-d'œuvre demandée chaque jour davantage par les usines de guerre. Les travailleurs indo-chinois ne peuvent point assurer comme les nord-africains les travaux pénibles, leur petitesse et leur manque de force ne les rendent aptes qu'aux travaux d'adresse et de patience, mais là, on peut dire qu'ils font d'excellents ouvriers. Le général Famin, directeur des troupes coloniales au ministère de la Guerre et chargé de la haute direction de la main-d'œuvre coloniale en France, écrivait, à ce sujet, dans une instruction relative aux ouvriers annamites ces quelques lignes : « Pour obtenir de la main-d'œuvre annamite son rendement maximum, il importe avant tout de savoir ce qu'on peut lui demander et bien connaître l'ouvrier qu'on emploie ».

« L'Annamite a, pour les travaux menus et de précision, des aptitudes natives faciles à éveiller. La finesse des extrémités digitales, la souplesse des phalanges et des articulations, même chez des paysans, dénotent une grande adaptation instinctive à des travaux d'exactitude. Son intelligence est assez prompte pour qu'il puisse s'assimiler les œuvres de la mécanique ordinaire. »

Les ouvriers annamites s'acclimatent peu facilement en France et c'est la principale difficulté du recrutement annamite. L'emploi de la main-d'œuvre originaire de notre grande possession d'Extrême-Orient oblige à prendre de multiples mesures de protection. Dans l'instruction signée par le général Famin et relative à la main-d'œuvre indo-chinoise, l'attention des autorités militaires est longuement appelée sur ce point spécial. « Au point de vue physique, l'Annamite, agile et souple, est peu vigoureux ; il souffre du froid, surtout l'Annamite de Cochinchine. Celui du Tonkin est plus résistant, accoutumé à un hiver où la température descend souvent à quelques degrés au-dessous de zéro. Il faut donc confier à ces ouvriers des travaux exigeant de l'adresse, de la dextérité, un peu de soin, mais pas trop de force. On doit éviter aussi de leur demander un travail trop prolongé. » Et plus loin : « Chaque Annamite devra constamment être muni de tous les vêtements et effets qu'il doit posséder. Il faut veiller à ce que, pendant l'hiver, les ouvriers annamites portent un vêtement de drap ou de velours sous les vêtements de travail, à ce que, lorsqu'ils quittent l'atelier, le soir ou la nuit, ils se couvrent de leur capote ». A ces paternels conseils d'un homme qui connaît le peu de résistance physique des Annamites, s'en ajoutent d'autres non moins judicieux, en ce qui touche la nourriture. « Il importe, par une nourriture appropriée, de mettre l'indigène en état de supporter les fatigues du travail. L'Annamite doit à ce point de vue être traité comme l'on traite les jeunes gens. On profitera de l'attribution de la prime éventuelle d'alimentation pour améliorer l'ordinaire en complétant la ration réglementaire avec du riz cuit à l'annamite ;

comme boisson, on leur distribuera du thé ».

Il était de toute évidence que, si l'on voulait obtenir de la main-d'œuvre indo chinoise un rendement appréciable, il ne fallait point songer à laisser les travailleurs de cette race seuls et délaissés, ils seraient rapidement tombés malades. Au contraire, surveillés et placés dans le midi de la France, vivant dans des casernements sains, bien nourris, ils font de bons ouvriers.

Les Indo-Chinois sont, par atavisme et par leurs mœurs et coutumes, très attachés au sol natal. Ils n'émigrent pas à l'étranger et ceux qui quittent leur pays d'origine ne songent qu'à y retourner pour rendre les hommages rituels aux dieux familiers et aux tombeaux des ancêtres.

« C'est en raison de ces considérations, dit un rapport officiel, que l'on a été amené, pour obtenir le recrutement des ouvriers nécessaires, à leur faire souscrire un engagement volontaire pour la durée de la guerre. Grâce à la discipline militaire à laquelle ils sont assujettis, ils remplissent leur mission avec docilité et la fiction d'un service militaire à accomplir fait de cette catégorie de travailleurs des ouvriers disciplinés, assidus au travail, mais impatients de voir arriver l'heure du rapatriement. »

Ce furent les services d'aviation qui, les premiers, en 1915, demandèrent au ministère des Colonies de leur fournir des ouvriers annamites, puis successivement l'artillerie et le génie réclamèrent de forts effectifs de ces travailleurs. Un véritable recrutement fut alors institué en Indo-Chine à partir du début de 1916 et vingt mille Annamites environ furent débarqués à Marseille durant l'année. Actuellement, il est procédé dans la colonie à une nouvelle levée d'un contingent sensiblement égal de travailleurs.

Les travailleurs indo-chinois sont utilisés principalement dans les poudreries et dans les ateliers de montage. Un certain nombre de sujets d'élite remplissent avec habileté le métier de dessinateurs. De très heureux résultats ont été obtenus par la transformation d'un certain nombre de travailleurs en infirmiers. Le corps médical est très satisfait de ces modestes mais dévoués collaborateurs.

∴

Pour donner un aperçu complet de l'aide coloniale en main-d'œuvre, il y a lieu de ne pas omettre les services que rendent à l'arrière du front les « compagnies de travailleurs » formées par des noirs de l'Afrique occidentale et par des Malgaches recrutés par voie d'engagements volontaires au titre de travailleurs coloniaux.

Ainsi donc, derrière l'armée coloniale envoyée par nos possessions d'outre-mer pour défendre le sol de la mère patrie, s'est levée, au fur et à mesure que la guerre revêtait un caractère industriel de plus en plus marqué, une autre armée, celle des travailleurs coloniaux, destinée à augmenter notre main-d'œuvre trop faible. Les colonies françaises, en ces heures tragiques, aident ainsi doublement la mère patrie dans la lutte à soutenir.

⁂

Aux contingents de travailleurs purement coloniaux, s'ajoute l'apport exotique de la main-d'œuvre chinoise. La Chine n'est-elle pas la patrie traditionnelle du coolie ? des exodes de travailleurs jaunes n'ont-ils pas, à maintes reprises, gagné les grands chantiers du monde ? L'isthme de Panama a été percé avec l'aide des habitants de l'ex-Céleste empire et en ce moment de forts courants d'émigration chinoise se sont portés vers l'Amérique du Nord et l'Afrique du Sud. Nos colonies du Pacifique, Tahiti entre autres, ne doivent leur développement économique qu'à la présence de nombreux et actifs Chinois. L'immense réservoir de travailleurs qu'est la Chine devait attirer l'attention des Pouvoirs publics. On songea, en s'appuyant sur la convention passée en 1866, avec le Gouvernement chinois, à recruter plusieurs dizaines de milliers de travailleurs jaunes, ouvriers sobres, laborieux, adroits, supportant bien le froid et la chaleur.

Il existe en Chine des courtiers indigènes servant d'intermédiaires entre les pays désireux d'obtenir de la main-d'œuvre et la masse des coolies à l'affût d'un fructueux embauchage. Ces courtiers constituent ce qu'on appelle là-bas des « syndicats d'émigration ».

C'est par l'action de ces syndicats qu'ont pu se former les importants groupements de travailleurs chinois d'Amérique, du Sud-Afrique et des Indes néerlandaises. Les sociétés étrangères qui sollicitaient de la main-d'œuvre chinoise s'adressaient à un de ces groupes puissants qui s'engageait, sous certaines conditions, à fournir la main-d'œuvre nécessaire sans que l'on eût à s'occuper directement des ouvriers.

Le Syndicat chinois prenait à sa charge tous les frais de recrutement et de transport et assumait la vie matérielle des coolies. Les sociétés qui employaient la main-d'œuvre jaune n'avaient qu'à payer le prix du salaire convenu, sans avoir à s'immiscer dans l'administration du personnel ouvrier, laissée aux représentants du Syndicat. Ceux-ci transplantaient dans les groupements les mœurs et les habitudes chinoises avec les maisons de thé et surtout les maisons de jeu où les Chinois laissaient bientôt la totalité de leurs gains. Seuls, ceux qui résistaient à la passion du jeu pouvaient, à l'aide de leurs économies, revenir en Chine. Les autres, attachés à la tâche indéfiniment, restaient sous la dépendance du Syndicat, qui ne les renvoyait que si cela lui était agréable ou utile.

De tels procédés ne pouvaient être envisagés pour le recrutement de travailleurs chinois pour les usines françaises. D'autres modalités devaient être recherchées et mises en application. Une mission officielle fut envoyée en décembre 1915 en Chine par le ministère de la Guerre afin de recruter un certain nombre de travailleurs. Cette mission se mit en contact avec un Syndicat chinois des plus sérieux et des engagements très stricts furent pris de part et d'autre.

Les ouvriers recrutés par ce Syndicat ont droit au logement et à la nourriture, à laquelle s'ajoute une prime de 0 fr. 50 pour les jours de repos. La prime pour les jours de travail est de un franc par jour pour les manœuvres, 1 fr. 25 pour les maçons et 1 fr. 50 pour les ouvriers à fer et à bois.

Il doit être payé au Syndicat, et c'est là son bénéfice, en réalité :

1° Une somme de 100 francs par ouvrier recruté ;

2° Une somme de 50 francs par ouvrier, à titre d'indemnité payable par le Syndicat à la famille ; ceci est peut-être une subtile chinoiserie !

3° Une somme de 100 francs par ouvrier que le Syndicat doit verser à la famille et qui représente le salaire de l'ouvrier pendant la durée de la traversée d'aller ;

4° Une indemnité mensuelle forfaitaire, fixée à 30 francs pour les manœuvres, 36 francs pour les maçons, 40 francs pour les ouvriers à fer et à bois. Cette indemnité représente approximativement la moitié des salaires donnés aux Chinois, et comme la retenue de la moitié du salaire exigée par le Syndicat ne pouvait être effectuée, comme étant contraire à la réglementation en vigueur, on a tourné la difficulté en réduisant le salaire de moitié et en attribuant l'autre moitié à la famille sous forme d'indemnité.

Dans le sud de la Chine, une autre mission officielle a été chargée, sous les auspices de la Société franco-chinoise d'éducation, de recruter d'autres travailleurs chinois. Les conditions d'embauchage sont très différentes : le système est très simple : transporté en France, l'ouvrier a les mêmes salaires qne l'ouvrier français de même catégorie, mais il doit supporter tous les frais de séjour.

Le contingent que peut fournir comme travailleurs la Chine serait pour ainsi dire illimité, s'il n'était entravé par le prix élevé du transport de la main-d'œuvre chinoise et les difficultés croissantes de ce même transport. On a pu calculer qu'avant d'avoir fourni le moindre travail effectif, l'ouvrier chinois revenait au moins à 1.500 francs. En escomptant qu'il sera possible de débarquer en France une cinquantaine de milliers de travailleurs chinois, c'est un gros chiffre. L'avantage de l'emploi de cette main-d'œuvre, c'est qu'elle pourra rester sur place quelque temps après les hostilités et nous aider à surmonter les difficultés économiques qui naitront au lendemain de la guerre, du fait du manque de bras.

* * *

La venue chez nous de plusieurs milliers d'ouvriers originaires de nos possessions d'outre-mer est, indiscutablement, une aide précieuse pour la Défense nationale. L'entr'aide coloniale se manifeste ainsi d'une façon que peu de gens avaient soupçonnée. Mais, et cela ne semble pas avoir été mis encore en relief, le séjour de ces ouvriers coloniaux dans nos ateliers, dans nos usines, dans nos chantiers et dans nos exploitations agricoles, aura une répercussion immédiate et remarquable sur le développement de nos colonies au lendemain même de la guerre. Ces travailleurs sont venus en France, impropres, pour ainsi dire, à tout travail, ignorant tout de nos méthodes et de nos procédés industriels ; en quelques mois, ils auront acquis tout un lot de connaissances pratiques que jamais, malgré les plus louables efforts, ils n'auraient pu apprendre en restant chez eux. Débarqués à Marseille avec une instruction moindre souvent qne celle du plus petit de nos apprentis, ils se rembarquent ouvriers. L'on conçoit facilement l'avantage considérable que chacune de nos colonies va retirer de cet état de choses. Ce qui arrêtait l'essor industriel de certaines de nos possessions d'outre-mer, ce n'était pas l'absence de matières premières ; la houille, le fer, le nickel, les mines de toutes espèces sont nombreuses au Tonkin, en Afrique du Nord, en Nouvelle-Calédonie ; ce qui faisait défaut, c'était la main-d'œuvre locale. Cette main-d'œuvre existera dorénavant et rien n'empêchera le développement futur des industries coloniales ; dans beaucoup de nos colonies se trouveront réunis les matières premières, la force hydraulique et le charbon, et enfin, une population ouvrière, dont les exigences en salaires seront peut-être celles des ouvriers métropolitains.

On doit même prévoir, avec une quasi-certitude, la formation d'une série d'industries coloniales qui s'efforceront de répondre aux demandes d'objets manufacturés qui seront formulées par les ouvriers coloniaux lorsqu'ils seront de retour dans leur pays d'origine. En effet, les travailleurs indigènes revenus chez eux auront acquis, par le fait même de leur séjour en France, toute une série de besoins nouveaux que le marché colonial devra être à même de satisfaire. C'est ainsi que les diverses races indigènes qui travaillent dans nos usines s'habituent au port des chaussures, ces chaussures qui les blessaient au début, et qu'au bout d'un certain temps il déclarent indispensables. Il est certain que, de retour chez eux, ils continueront à en porter. Toute une industrie locale sera à créer, pour satisfaire les besoins de cette nouvelle clientèle. C'est en France également que les indigènes contractent l'habitude de manger avec des fourchettes et des assiettes, de porter certains vêtements et de posséder mille et un objets divers. Il y a là, pour l'industrie coloniale, des débouchés imprévus. Il faut espérer que des esprits entreprenants sauront bénéficier de cet état de choses exceptionnel.

A côté des fructueux résultats que retireront pour eux-mêmes et pour leur pays d'origine les travailleurs coloniaux, il existe, hélas ! le revers de la médaille. Ces travailleurs, l'expérience l'a prouvé, sont enclins à faire leurs les défauts et les vices du milieu dans lequel ils vivent. Loin de la masse de leurs compatriotes, les Nord-Africains, en totalité presque tous musulmans, ne respectent plus les préceptes coraniques et se livrent à l'alcoolisme. En possession de sommes d'argent considérables pour eux, nos travailleurs coloniaux s'abandonnent à la passion du jeu et de ces penchants découlent maintes rixes et, parfois même, de pénibles drames. On peut craindre qu'au retour des travailleurs dans les colonies, il ne se forme, dans nos possessions d'outre-mer, un prolétariat dangereux par certains côtés. Des mesures doivent être prises pour soustraire le plus possible les indigènes de nos usines aux mauvais conseils ou aux mauvais exemples. Toute une série de réformes semblent devoir être mises en application sans tarder. C'est ainsi qu'il y a lieu de développer la création dans les groupements nord-africains de cafés maures, où Arabes et Kabyles peuvent se réunir et, dans un cadre semblable à ceux de leurs cités, reprendre contact avec la petite patrie. Des salles de réunion doivent être également construites dans les groupements indo-chinois. Aux facilités données aux travailleurs pour effacer la nostalgie de l'éloignement devraient s'ajouter les efforts du personnel encadrant les travailleurs qui, par des causeries amicales, s'efforcerait à faire mieux comprendre à ces humbles ce que c'est que notre civilisation et quels en sont les bienfaits. Il serait néfaste que le travailleur colonial ne connût de notre vie européenne que le labeur pénible de l'usine ou les vices de nos bars et de nos bouges.

LIVRE III

POLITIQUE MAROCAINE

I

POLITIQUE MAROCAINE

L'histoire de notre installation dans l'Afrique du Nord est, pour ainsi dire, celle de notre expansion coloniale moderne. Trois dates principales en marquent les étapes.

1830 : la conquête d'Alger, le premier réveil de l'énergie française après la torpeur qui avait suivi le désastre napoléonien.

1881 : l'établissement de notre protectorat en Tunisie, notre premier succès mondial après le recueillement consécutif à la guerre de 1870.

1911 : la liberté d'action — sous de graves réserves — enfin acquise au Maroc, sorte de couronnement donné ainsi à l'effort colonial poursuivi depuis quatre-vingts ans, pendant cinquante ans presque malgré nous, pendant trente ans avec toutes nos forces, avec toute notre passion.

Il y a dans ces trois dates d'autres sujets de méditation. C'est par deux fois arrêtée dans ses œuvres européennes que la France s'est retournée vers le monde extra-européen. Notre pays a un surcroît de force sociale et d'énergie progressive à dépenser ; il n'a jamais pu s'absorber en lui-même. L'effort colonial est la dernière forme de son apostolat au milieu des nations.

Un autre rapprochement s'impose : en 1830, ce que nous trouvions en face de nous, c'était l'Angleterre, inquiète de cette expansion et de ce réveil de l'énergie française, l'Angleterre, notre aînée en colonisation, inquiète de notre avenir.

Ce que nous avons trouvé devant nous en 1911, c'était l'Allemagne, émue enfin de toute l'avance qu'elle nous avait laissé prendre sur la scène du monde, tandis qu'elle rêvait d'hégémonie en Europe, — l'Allemagne, notre cadette en colonisation, jalouse de notre passé.

L'histoire de l'Afrique du Nord est encore intéressante parce qu'elle marque les trois étapes de notre histoire coloniale, les trois méthodes successivement adoptées.

En 1830, nous ne savons pas bien quelle est

l'utilité de cette expansion ; la force des choses nous mène en Algérie, l'honneur militaire nous y retient. Nous faisons notre première grande expérience nouvelle, et nous la manquons : c'est l'assimilation, le peuplement, la centralisation. Après une bonne période (gouvernement des militaires), nous versons dans l'excès de notre instinct généralisateur : l'Algérie devient un groupe de départements. Nous connaissons mille difficultés. Nous refoulons les Arabes, nous voulons importer de la population, nous ouvrons le pays à l'étranger, nous provoquons la formation d'un instinct de séparatisme.

* * *

En 1881, la Tunisie. Nous sommes avertis par l'épreuve antérieure qu'il faut agir différemment. Comment ? On ne le sait pas au juste. Mais on adopte la sage méthode expérimentale. On laisse à M. Cambon le soin de proposer le régime nécessaire, au contact des faits.

On évite l'annexion. On crée le protectorat. On ne comprend pas encore bien ce mot, et ceux mêmes qui veulent appliquer la méthode n'ont guère qu'une idée négative : ne pas faire comme on a fait en Algérie.

*
* *

En 1911, le Maroc. Nous sommes en pleine possession de nos méthodes. Nous les avons assouplies ailleurs, dans l'Afrique encore, mais en poursuivant l'œuvre d'un précurseur, qui fut Faidherbe. Nous concevons les réalités coloniales : commandite d'un pays auquel on laisse son individualité, utilisation de l'indigène, institution d'un régime de paix et d'ordre.

Le Maroc termine vraiment l'œuvre française en Afrique du Nord, politiquement et territorialement d'abord, car il nous donne la maîtrise de tout le bloc musulman ; administrativement et économiquement ensuite, car il nous faut profiter de notre double expérience antérieure et faire l'unité.

Quoi qu'il puisse paraître, l'Algérie d'aujourd'hui, où un essai trop timide de décentralisation a réussi, est plus près du but que la Tunisie. Nous avons détruit les institutions locales, mais le peuple nous reste ; nous commençons à comprendre qu'il faut l'attirer, nous en faire une clientèle d'abord par l'action économique, un associé indispensable ensuite.

En Tunisie, nous avons fait du protectorat apparent, ce qui a surtout l'avantage d'être bon marché, mais nous n'avons pas fait évoluer la population arabe. Nous avons mélangé la centralisation française au protectorat. Cette population est assez travaillée par nos idées, notre instruction, pour demander à devenir française, pour souhaiter perdre son individualité, pour considérer le protectorat comme un système avare institué pour lui refuser le statut français.

*
* *

Au Maroc, nous devrons faire ce que les deux méthodes comportent de bon : respecter l'individualité collective indigène, mais l'amener au progrès ; respecter les institutions, mais les faire évoluer au lieu de les laisser se dessécher stérilement. Et l'attraction de ce Maroc exercera une influence dominante sur toute l'Afrique du Nord.

II

NOTRE POLITIQUE INDIGÈNE AU MAROC (1)

La formule du protectorat nécessite au Maroc une très grande souplesse ; elle ne doit pas être uniforme et rigide. Il ne faut pas perdre de vue, en effet, le caractère amorphe de ce qu'une fiction diplomatique a appelé l'Empire chérifien. L'unité que ce terme synthétique suppose n'existe pas et n'a jamais existé, sauf en pays purement arabe ou nettement arabisé. Le Sultan est bien, selon la tradition islamique, l'Imam, investi par le consentement des croyants, de la mission de diriger les intérêts de leur communauté. En fait, il doit son évolution au trône à l'accord d'une aristocratie intellectuelle, le corps des ulémas. Mais la décision de ces ulémas, quelque conforme qu'elle soit à l'orthodoxie musulmane, n'a point le pouvoir de réaliser *ipso facto* une centralisation d'allégeances. Les grands féodaux

(1) Extrait du rapport sur le budget de 1914.

arabes se rangent sans doute, bon gré, mal gré, sous la bannière de l'Imam choisi. Mais en pays berbère ou bien l'on n'admet la suzeraineté du chérif investi qu'avec des réserves, ou bien on la méconnaît délibérément. Les musulmans en sont toujours au même point qu'au lendemain de la mort du Prophète. L'idée de centralisation qu'implique l'imamat se heurte aujourd'hui, comme dans le passé, à l'instinct anarchique des masses, et si l'unité de l'Islam a pu être un instant réalisée, ce ne fut qu'à l'heure du prosélytisme ardent et des conquêtes. C'était le chef de guerre qui imposait en somme, par son prestige, le respect de la doctrine orthodoxe de l'imamat.

Les sultans chérifiens ont pu, à une période d'exaltation religieuse, restaurer cette doctrine à leur profit ; pour la généraliser il eût fallu qu'ils fussent en mesure de grouper dans un élan de ferveur les musulmans dispersés dans un farouche particularisme régional. Ils ont été impuissants à subjuguer les Berbères. Ceux-ci ont bien adopté l'islam, mais pratiquement c'est un corps de coutumes nouvelles qu'ils ont ajouté à leurs croyances traditionnelles. La foi islamique est un vaste filet, à mailles très lâches, jeté sur leurs habitudes ancestrales. Inaptes à concevoir la moindre formule centralisatrice, les Berbères ont donc considéré sans la comprendre la fiction de l'imamat. Ils en sont encore à l'état de la

Gaule avant Vercingétorix. C'est la dispersion totale, le groupement anarchique réduit.

Soumis au levain d'une exaltation prometteuse de butin ils ont pu çà et là se resserrer momentanément autour d'un chef. Mais c'est moins la foi que leur avidité qui les a dressés les armes à la main dans une cohésion éphémère.

L'idée du ralliement autour de l'Imam n'est donc chez eux que soudaine et temporaire. Elle ne survit pas à l'état de paix. Et leur islam spécial permet bien plus de les comparer à nos protestants, libres de toute autorité spirituelle suprême, qu'aux catholiques. Ils ont emprunté à la foi mahométane ce qu'elle comportait d'exclusivisme belliqueux, parce qu'ils y trouvaient un écho de leurs propres tendances.

Ainsi donc, nous devons prendre garde de généraliser le principe de l'imamat, d'étendre uniformément notre formule de protectorat à l'ensemble des territoires qui forment le Maroc des géographes européens. Que nous agissions au nom du Sultan en pays arabe rien de mieux ; il convient même, dans cette partie du pays, de donner à la formule du « contrôle et du concours dirigeant » son maximum de sincérité, de rechercher moins les apparences du pouvoir que leur réalité, d'agir en un mot avec cette souplesse insinuante, cet effacement calculé qui ont caractérisé longtemps l'action britannique en Egypte.

Mais devons-nous, plus chérifiens que le Chérif, implanter la fiction de l'imamat là où elle n'a jamais eu de racines bien fortes, couvrir tous nos actes de son autorité spirituelle, et réaliser ainsi, par la force de notre pression, l'unité marocaine inconnue autrefois ? Ce n'est pas un protectorat, mais des protectorats, que nous devons exercer au Maghreb. Il serait bon que nous fissions, pour éviter l'unification du Maroc chérifien, que notre présence et notre sens exagéré de la symétrie risqueraient de réaliser, il serait bon que nous fissions de la décentralisation, que le Maroc français devînt une confédération, avec de grandes régions quasi autonomes où l'action de nos officiers se produirait directement et selon la nature des coutumes locales. Là où la suprématie du Sultan n'est connue que comme un vague écho — et c'est presque général en terre berbère — à quoi bon nous en draper ? Faisons du protectorat direct, mais pas de l'administration calquée sur nos institutions métropolitaines qui, pour l'instant, n'ont rien à voir dans l'approvisionnement graduel des groupements fermés et raidis par leur instinct de conservatisme Il faut que des « bureaux de renseignements » constitués par des compétences réelles se bornent à une mission de surveillance et de tutelle discrète, aident les indigènes à évoluer dans leurs propres coutumes, leur servent de conseillers permanents dans le domaine économique et développent en eux, par un effort patient, la notion des nécessités de prévoyance et d'hygiène générale.

Ici se place la question de langue. Il n'est pas douteux que nous n'avons nul intérêt à favoriser inconsciemment la diffusion de la langue arabe, véhicule des idées religieuses. Les pays berbères du Haut-Atlas l'ignorent presque absolument. Ils n'ont reçu de l'Islam que certaines pratiques extérieures, mais les grands principes de la doctrine et du dogme leur sont étrangers. Ils n'ont donc pas eu à étudier le Coran. Sans doute, un peu partout, l'influence des confréries religieuses étend ses tentacules ; mais la prise en est si lente qne nous pouvons espérer la contre-balancer. Il faudrait créer des écoles sommaires, analogues à celles que le général Lyautey a toujours fait installer avec chaque colonne : un gradé enseigne à un lot de bambins, par la méthode directe, les éléments de notre langue. Rien de plus, afin de n'éveiller aucune méfiance, aucune supicion tendant à nous représenter comme faisant du prosélytisme chrétien.

N'allons pas trop vite. Soyons en matière de politique indigène chez les Berbères un peu comme Robinson dans son île ; adaptons à notre sens pratique, aux remarquables capacités de débrouillage de nos officiers des affaires indigènes et de nos soldats, ce que nous trouvons sur place et ne cherchons surtout point à persuader la population locale de la supériorité de nos grands principes ! « Les milieux sociaux réagissent et les lois françaises n'ont pas la magique vertu de franciser les rivages où elles abordent ». Ce que Jules Ferry proclamait ainsi pour l'Algérie est infiniment plus vrai encore pour le pays berbère, voire le pays arabe. Comme le disait un jour Sir John Morley, alors secrétaire d'Etat pour l'Inde, à un membre de la Chambre des communes épris d'uniformisation : « On ne peut affirmer que les habitants du Canada et ceux de l'Inde aient le même et pressant besoin d'une fourrure ».

Pour ce qui concerne l'Islam, ce que nous avons dit plus haut du protectorat en pays arabe indique suffisamment notre opinion sur la nécessité de faire très bon ménage avec lui, mais sans épouser cependant tous ses espoirs secrets.

En résumé, nous croyons que la meilleure formule d'administration du Maroc serait celle qui dériverait d'un principe de fédéralisme. Au lieu d'unifier autour du Chérif, il conviendrait de dégager la notion d'autonomie régionale, avec certains personnages indigènes ayant une notoriété réelle, et qui par leur rôle, par leur présence, par l'influence que leur donnerait notre commandite, réduiraient d'autant la force du centre politico-religieux que peut constituer le makhzen chérifien. Est-il possible d'utiliser au bénéfice d'une semblable politique les influences existantes au Maroc ? C'est ce que nous allons essayer d'examiner.

I

GRANDS CHEFS INDIGÈNES

Autrefois le Maroc tout entier était divisé en un certain nombre de grands caïdats. Moulay el Hassan les fractionna dans le but d'affaiblir l'autorité de ces trop puissants vassaux, mais depuis lors, cette grande féodalité a tendu à se reconstituer.

Les régions du Sud et le bloc Zaïan sont actuellement assujettis au régime des grands chefs indigènes. Des tribus entières se groupent en clans, en lefs, qui obéissent plus ou moins complètement à l'action de véritables seigneurs féodaux.

C'est le Zaïani : Moha ou Hammou, et son parent : Mohammed Aguebli.

Ce sont les Glaoua : Si el Madani, El Hadj Thami.

Le Goundafi : Si Taieb.

Le Mtougui : Si Abdelmalek, etc.

Ces derniers tiennent sous leur autorité toutes les tribus de l'Atlas et du Haouz.

La pacification, l'organisation politique et administrative ne peuvent donc, dans ces régions, s'établir qu'avec le concours des grands caïds. La question prédominante est de les gagner à notre cause et d'user de leur influence pour faire rentrer les populations dans l'ordre et la paix.

Leur concours nous est d'autant plus indispensable que la plus stricte économie des forces s'impose au Maroc et que nous devons tenir le pays avec le minimum de troupes possible.

Il convient donc que nous fassions avec l'aide de ces grands caïds une politique indigène d'équité et de juste mesure.

La campagne menée dans le Sous contre Hiba au moyen de forces exclusivement indigènes a eu tout le succès que nous pouvions désirer. Elle a été conduite sous la haute direction d'un frère du Sultan par les grands caïds du Haouz. Après la victoire remportée par les harkas, l'organisation du Sous a été réalisée sous la forme de grands commandements indigènes et sans qu'aucun représentant de l'autorité française soit installé dans le pays.

Un régime analogue vient d'être établi dans le sud du Tadla ou un pacha installé à Kasbah Tadla est chargé de la police de la rive gauche de l'Oum er Rebia.

C'est grâce à la création de grands commandements indigènes sous nos auspices, dans les régions que nous n'occupons pas effectivement, et à l'organisation d'une police assurée par les tribus que nous pourrons constituer une barrière de protection contre les agressions des populations rebelles, en économisant nos efforts et nos effectifs.

C'est grâce à cette politique que nous pouvons tenir toute la région de Marrakech, depuis l'Oum er Rebia jusqu'au Sous avec 6 bataillons, 2 escadrons, 3 batteries.

II

SECTES RELIGIEUSES

L'action religieuse au Maroc appartient essentiellement aux marabouts, aux chérifs, aux cheikhs et mokaddems des confréries religieuses.

Tandis que certaines zaouias, centres politiques autant que religieux, s'épuisent en querelles intestines où sombre leur prestige, d'autres secondaires et locales occupées seulement de piété et de charité augmentent leur clientèle. Il y a une infinité de zaouias, dont l'influence, restreinte à un canton, est cependant toute-puissante dans ces limites.

Parmi l'ignorance générale et le débordement des passions, les marabouts représentent un peu de savoir, de justice et de clémence. Ils s'interposent bien souvent dans les querelles quotidiennes, dénouent les conflits d'intérêts ; leur caractère sacré assure jusqu'à un certain point le respect de leurs décisions.

Si la puissance du marabout est grande, elle est territorialement circonscrite. Des marabouts considérables sont sans influence et même totalement inconnus lorsqu'ils sortent de leur district.

Au pouvoir spirituel, ils joignent une puissance temporelle parfois importante. Le souci de conserver leurs biens en fait, en général, des amis de l'ordre et de la paix. Aussi, la plupart d'entre eux ont-ils compris qu'il était de leur intérêt de ne pas nous combattre et de se rapprocher de nous. De notre côté, rien n'a été négligé pour mettre à profit leur puissance politique et utiliser leur influence.

Le chérif d'Ouezzan est certainemet le personnage religieux dont la puissance temporelle est la plus étendue au Maroc. Outre la région d'Ouezzan, il possède des azibs (fermes) dans tout le Rarb, sur la côte et jusqu'au delà de Mogador.

Notre influence se fait sentir à Ouezzan par une action purement politique prudemment menée, ayant pour but unique de préparer notre intervention effective de ce côté lorsque le moment sera venu. Nous nous sommes bornés jusqu'ici à attirer les personnages influents susceptibles de nous servir ultérieurement, et à contrôler les agents du Makhzen qui sont en fonctions tant à Ouezzan même que dans les tribus environnantes. On évite de s'immiscer directement dans des affaires administratives tant que nous ne serons pas à même de nous en occuper avec toutes les garanties de réussite désirables.

Parmi les grands marabouts du Maroc, il faut citer :

Le Sid de Bou Djad, dont l'autorité spirituelle s'exerce sur tout le Tadla et une partie des Zaïan.

Le chérif de Tamesloht, près de Marrakech.

Le chérif Si Mohamed ben Hossein, chef de la zaouia de Tazeroualt, près d'Ilir.

Le chérif Si Mouley Mohamed Tserroucheni, qui possède une grande influence sur les Aït Tserrouchen de Sidi Ali et de Marmoucha ainsi que sur les Aït Youssi.

Le chérif Allaoui Mouley el Kébir de Fez, petit-fils de l'ancien cheikh des Derkaoua du Tafilala et chef de nombreuses zaouias. Ce personnage religieux jouit, auprès des populations berbères, d'une influence assez grande.

Le chérif Kittani de Fez, grâce à l'intervention duquel le Sous traverse actuellement une période calme.

Il est l'auteur d'un ouvrage démontrant la compatibilité des inventions nouvelles avec la religion musulmane.

Parmi les marabouts qui nous ont témoigné de l'hostilité, il faut citer :

Ali Amhaouch, le célèbre agitateur, qui est le chef le plus puissant de la confrérie des Derkaoua ; il nous est franchement hostile et son hostilité s'est précisément révélée ces temps derniers.

III

TRIBUS COMMERÇANTES

L'industrie marocaine est extrêmement familiale. Les femmes tissent la laine pour confectionner les vêtements. Même dans les gros villages, il y a peu d'artisans. C'est dans les villes seulement qu'il existe quelque industrie.

De temps en temps, les habitants les plus aisés des tribus se rendent individuellement ou en caravanes dans les villes pour y échanger leurs produits contre des marchandises d'Europe. L'opération faite, ils reviennent chez eux travailler à de nouvelles révoltes et se défaire en détail de leur pacotille étrangère.

Mais presque tout le commerce des tribus se fait sur les marchés, et il n'existe pas à proprement parler de tribus exclusivement commerçantes.

Les tribus de la montagne viennent dans les centres d'échange de la plaine s'approvisionner de produits européens et d'objets fabriqués dans les villes marocaines : cotonnades, sucre, thé, parfumerie, bijouterie, grains et huiles. En échange, elles apportent des peaux, des laines et des dattes. C'est ainsi que Mogador et Marrakech alimentent tout le bassin du Sous.

L'intérêt est un des facteurs puissants de notre action politique. On le développe puissamment en créant des marchés nouveaux qui sont de véritables pôles d'attraction, en donnant la plus large satisfaction aux populations par le ravitaillement sur place et le développement commercial qui en découle, en favorisant les intérêts économiques tout en protégeant l'indigène contre les abus de la spéculation, en multipliant les voies de communications, en organisant les œuvres d'assistance médicale.

On conçoit qu'on puisse être appelé à un moment donné à interdire certains marchés à une tribu rebelle et à l'encercler économiquement. Il faut, dans certaines circonstances, pouvoir ne laisser venir chez nous que ceux qui ont fait acte de soumission. A ce régime, les éléments qui ne peuvent vivre exclusivement dans la montagne viendront à nous, et par eux, nous éduquerons peu à peu les autres.

IV

CAÏDS

Comme nous l'avons dit à maintes reprises, l'attitude à prendre vis-à-vis des populations indigènes du Maroc et les méthodes à employer pour en préparer, réaliser et consolider la soumission varient suivant les régions.

Dans le Nord notamment existe une mosaïque de tribus où domine l'esprit individualiste, où le désir d'indépendance a empêché les grosses influences de s'établir. Il faut donc procéder par contact direct avec l'indigène, faire de la propagande individuelle, s'aboucher avec un grand nombre de notables pour faire leur conquête. Ce moyen est évidemment plus long, plus laborieux que celui employé dans le Sud, mais peut-être est-il plus durable parce que dans ce contact intime que nécessite le travail d'approvisionnement, on arrive à se mieux connaître de part et d'autre.

Là, l'influence des caïds est prépondérante.

Par ses attributions qui sont multiples et étendues, le caïd exerce un véritable commandement sur ses administrés. Chargé de la police administrative et judiciaire de son caïdat, il est responsable de l'ordre et de la sécurité dans l'étendue de son territoire. Auxiliaire de la justice, il recherche les délits et les crimes, rassemble les éléments d'information, arrête les auteurs présumés, et fournit tous les renseignements ou indices pouvant éclairer la justice.

Il exerce en matière de finances d'importantes attributions. C'est à lui qu'incombe principalement le recouvrement des impôts, des produits domaniaux, des condamnations pécuniaires prononcées au profit du Trésor.

Il assure enfin, d'une manière générale, l'exécution de toutes les dispositions législatives qui exigent le concours et la collaboration des autorités indigènes.

On voit, par cette simple énumération, l'importance que jouent les caïds dans l'organisation du Protectorat, et les services qu'ils peuvent nous rendre.

La politique suivie à leur égard consiste donc à canaliser à notre profit l'influence légitime qu'ils exercent sur la masse indigène.

Par un choix judicieux des caïds, par un contrôle incessant de leurs actes. nous arriverons peu à peu à faire pénétrer chez les populations marocaines plus de justice, plus d'équité, plus de bien-être, pour le plus grand profit de l'influence française.

Un Ministère de l'Afrique et des Colonies.

La prise de possession du Maroc, le développement de notre action en Mauritanie et dans les confins de l'Ouadaï et du Tibesti ainsi que la pacification de plus en plus complète du Sahara ont rendu impérieuse la nécessité d'unifier notre politique africaine et de coordonner nos efforts tant en Afrique du Nord qu'en Afrique occidentale et en Afrique équatoriale. C'est là une question des plus actuelles. Ce problème a été soulevé à la tribune de la Chambre des

Députés par M. Messimy, chargé de rapporter le budget du Maroc pour l'exercice 1914, qui fit, le 24 mars 1914, la déclaration suivante :

« Ce qu'il faut, c'est que, par une initiative vigoureuse, on réunisse dans une même main, en créant le Ministère de l'Afrique et des Colonies sans augmenter en quoi que ce soit le nombre des Ministères existants, une direction africaine unique et surtout une politique musulmane unique.

» Faisons cela, c'est le seul moyen de compléter vraiment l'œuvre des hommes qui ont donné l'Afrique à la France.

« Faisons l'Afrique *une*. »

Pour réaliser cette unité, M Messimy propose la création du Ministère de l'Afrique et des Colonies. D'autres modalités peuvent être envisagées, différentes. mais toutes destinées à obtenir cette unification que réclame le souci de faire œuvre définitive en Afrique française.

L'Algérie relève du Ministère de l'Intérieur, la Tunisie et le Maroc sont l'apanage du Quai d'Orsay, l'Afrique occidentale française et l'Afrique équatoriale française sont sous la dépendance du Ministère des Colonies. Il a semblé logique à certains esprits de rattacher les colonies de l'Afrique du Nord, soit au Ministère de l'Intérieur, soit à celui des Affaires étrangères.

La thèse du rattachement de la totalité de l'Afrique

du Nord au Ministère de l'Intérieur ne semble guère pouvoir être soutenue L'exemple du rôle effacé de la Direction des affaires algériennes de ce Département ministériel n'incite pas à en développer les attributions. « Il est notoire à l'Administration centrale que le Service des affaires algériennes est paisible entre tous » (1). « On ne constate pas sans surprise que le Service des affaires algériennes ait pu rester à peu près tel qu'il était à l'époque où chaque Département suivait les affaires de sa compétence. Il est indispensable de faire cesser cette anomalie » (2). Le Ministère de l'Intérieur n'est pas un Ministère colonial, il manque d'expérience et également de spécialistes. Son rôle n'est pas de gérer une portion de notre empire d'outre-mer, *a fortiori* un domaine immense comme celui de l'Afrique du Nord. Laisser l'Algérie à l'Intérieur c'est déjà une « anomalie », lui confier la direction de l'Afrique française serait une « folie ».

Le Ministère des Affaires étrangères pourrait à première vue remplir pleinement ce rôle difficile et considérable. L'expérience tunisienne inciterait à confier au Quai d'Orsay la gestion des affaires nord-africaines mais ce Département ministériel ne donne pas l'impression d'un « Ministère administratif », c'est-à-dire qu'il n'est pas outillé pour cette tâche spéciale, il lui manque des services compétents. Pour pallier les inconvénients de cet état de choses, le Quai d'Orsay fait appel, pour administrer la Tunisie et le Maroc, à des commissions composées de spécialistes. Or, on sait combien fatalement le travail de toute commission est lent et que cette méthode empêche, par l'obligation de modifier souvent la composition de ces mêmes commissions, la formation de cette tradition administrative, que l'on a pu railler mais qui est, cependant, nécessaire pour la bonne administration.

Certains ont proposé le rattachement d'un Sous-Secrétariat de l'Afrique du Nord au Président du Conseil qui, sans portefeuille, serait « le Ministre de la parole ». Ceci nous ramène à la question de la création d'un Sous-Secrétariat de l'Afrique du Nord. Cette conception paraît difficile à réaliser, d'abord en présence de la situation financière actuelle, et, ensuite, à cause de la nécessité de rattacher ce Sous-Secrétariat à un Département ministériel afin de donner corps à ce besoin de coordination, d'identité de vues réclamé actuellement pour notre politique coloniale. Ce Sous-Secrétariat ne peut et ne doit être rattaché qu'au Ministère des Colonies.

Or, pourquoi ne pas aller jusqu'au bout dans l'œuvre entreprise ? Pourquoi ne pas réunir définitivement la direction de notre politique africaine en une seule main, celle du Ministre des Colonies ?

Cependant, quelque logique que paraisse cette

idée, elle heurtera la susceptibilité fort légitime des Algériens. Il y a là un élément dont il faut faire état. Mais cette difficulté serait facile à écarter en donnant aux revendications algériennes une satisfaction. Cette satisfaction consisterait à instituer le Ministère de l'Afrique et des Colonies, dans lequel une place particulière serait faite à l'Algérie. C'est ainsi qu'après un examen sommaire des diverses modalités capables d'unifier notre action politique en Afrique, on est amené à préconiser la constitution d'un Ministère de l'Afrique et des Colonies tel que le demande M. Messimy, tel que le demande également M. Paul Bluysen, député, secrétaire de la Commission des affaires étrangères et coloniales, et aussi M. Gervais, dans un opuscule paru récemment, quitte à demander à un Sous-Secrétaire d'Etat de seconder le Ministre dans sa tâche.

La formation du Ministère de l'Afrique et des Colonies permettrait l'établissement de ce « budget de politique générale » nécessaire pour asseoir définitivement notre domination en Afrique. Il faut, en effet, créer ce « budget d'empire » qui peut seul donner le moyen d'entreprendre une politique suivie et fructueuse. Lorsque l'on songe qu'il n'existe pas à Paris un organe chargé d'étudier la politique musulmane non seulement en Afrique occidentale mais dans l'Afrique du Nord, lorsque l'on réfléchit que l'on ne possède pas les moyens financiers pour entretenir des agents dans les pays musulmans étrangers, force est de reconnaître combien cette absence d'information est grave de conséquences pour notre domination en Afrique. Et cela à cause d'absence de crédits budgétaires.

On sait également combien heureuse a été la formule des budgets généraux pour nos groupes de colonies indo-chinoises, puis, peu après, pour celles des gouvernements généraux de l'Afrique occidentale et de l'Afrique équatoriale françaises. Il y a là des faits patents dont les chiffres du développement économique de ces grandes colonies sont une preuve indiscutable. Les colonies de l'Afrique du Nord et de l'Ouest ont des intérêts économiques similaires, et, en premier lieu, ont besoin de se constituer un réseau ferré général. En ce qui concerne le Transsaharien par exemple, l'obstacle que serait le Sahara n'est pas tel que l'on se l'imaginait encore récemment. Les nombreuses traversées effectuées par plusieurs personnalités connues, entre autres celle du général Bailloud et celle du gouverneur Clozel, celle-ci faite en automobile, ont prouvé que le Transsaharien serait bien plutôt arrêté par le manque de capitaux que par le sable. Ces capitaux on les obtiendrait facilement par des emprunts gagés sur un budget général. Or, si l'on veut faire une œuvre féconde en Afrique, si l'on veut, ainsi que les races, la situation géographique et les événements nous y obligent, unifier notre politique coloniale, il faut avant tout remettre au Ministre qui en sera chargé les moyens financiers d'exécuter cette belle tâche. Ce moyen, nous l'avons indiqué, c'est un « budget général ».

Il semble étrange de parler, devant les difficultés financières de l'heure présente, de la création d'un budget nouveau. Où pourrait-on, en effet, prélever les ressources financières demandées ? Le problème est infiniment moins complexe que l'on pourrait se l'imaginer. Les ressources financières de ce « budget d'empire », il n'y a qu'à les demander aux colonies intéressées et mettre en pratique le système de contributions coloniales que les Anglais emploient avec tant de succès. L'*India Office* ne coûte pas une roupie à la métropole ! Du reste ce principe entre timidement en action en France ; l'Indo-Chine, l'Afrique occidentale ne contribuent-elles pas au payement des dépenses militaires ? Pour l'Ecole coloniale n'existe-t-il pas des contributions de chaque grande colonie ? Il serait facile, vu l'excellent état des finances algériennes, tunisiennes et de celles de l'Afrique équatoriale, de leur demander une part contributive aux dépenses de ce « budget général » fait pour elles et dont elles bénéficieront en fin de compte.

Comment les colonies en question réaliseraient cette contribution, de combien serait celle-ci, quelles recettes propres ou extraordinaires devraient être instituées ? Ce sont là autant de modalités à envisager après une étude approfondie. Ce qui reste évident c'est que ce « budget d'empire » devrait être en entier formé de contributions coloniales et destinées à la réalisation d'un plan général de politique africaine et d'outillage économique intercolonial. L'Afrique française une fois unifiée dans sa direction administrative, une fois dotée d'un instrument financier qui lui fait défaut, sera devenue seulement à ce moment-là vraiment française. La France pourra être fière d'avoir reconstitué ce que M. Paul Adam dénommait « l'Empire de Carthage », empire encore plus vaste et plus beau puisqu'il s'étendra des rives méditerranéennes au golfe du Gabon.

III

LE MAROC AVANT LA GUERRE (1)

Quelle que soit l'opinion qu'il puisse avoir de notre politique militaire, rien ne frappe plus intensément le voyageur dans le bled marocain que cette sensation de sécurité due à l'effort et aux succès de nos soldats. Nous en avons personnellement ressenti l'impression prenante, aussi bien dans la solitude de la Mamora, qu'au jour naissant sur une de ces captivantes terrasses de la ville sainte, alors que parmi la psalmodie monotone du muezzin, venaient se piquer, comme des fleurs de France, les notes vivantes du clairon, qui, là-bas, en dehors des murs endormis, appel joyeux à l'action, sonnait le réveil du camp.

(1) Extrait du rapport sur l'Empunt de 1914. J'ai tenu à rappeler ic par ces extraits l'une des premières étapes de notre œuvre au Maroc. C'est en évoquant le passé qu'on peutv raiment juger les résultats du présent.

Et l'étonnement s'accroît, au souvenir des massacres et des horreurs d'hier. On reste ému devant ce grand miracle de la paix française que l'on sent partout.

Que l'on chemine sur ces pistes rudimentaires où seuls les cadavres d'ânes ou de chameaux tombés sous le faix marquent parfois le chemin, et où le sourire de l'indigène accompagne le salut de la main, que l'on cotoie ces douars d'aspect hostile, que l'on s'arrête ébloui devant la richesse archéologique de Meknès la charmante, ou au pied de la mystérieuse muraille de Fez, partout ce sentiment de sécurité vous domine.

Et journellement, méthodiquement, l'œuvre s'étend. Nos soldats ne sont pas, comme on pourrait le croire, inactifs au pied de l'Atlas, ou vers les confins algéro-marocains. Ils deviennent diplomates après avoir été guerriers. A leur appel cordial les ennemis d'hier commencent à se rassurer. Ils réfléchissent, démêlent très vite dans leur esprit ouvert les avantages et les bienfaits de la paix. Les gens s'apprivoisent, les tentes se rapprochent, le douar s'avance comme fasciné par le désir de profiter de cet état de choses inconnu jusqu'alors. Et peu à peu dans ce mélange intime de marche brutale et de pénétration pacifique, la paix française s'impose et l'œuvre de mise en valeur va devenir possible.

*
* *

Nul pays au monde, plus que le Maroc, ne devrait permettre à l'esprit français de montrer davantage les méthodes de logique et de clarté qui furent en Afrique occidentale, par exemple, les caractéristiques de son action coloniale et civilisatrice. Nul doute que dans l'avenir ces qualités ne finissent enfin par imposer leurs résultats créateurs. Notre destin si haut sur la côte d'Afrique ne saurait s'embarrasser des entraves présentes et ceux qui les ont tissées autour de notre labeur s'apercevront bien un jour que ce qui gêne la France nuit avant tout au développement de l'empire chérifien, c'est-à-dire aux intérêts de tous.

Car il est bien certain que l'œuvre française, profitable à tous d'ailleurs, ne peut se développer vraiment féconde qu'au fur et à mesure qu'en conformité des traités et engagements, elle acquerrera la liberté d'allure indispensable. C'est à notre diplomatie qu'il appartient de préparer et de rendre plus proche cet avenir.

*
* *

Et cependant, même dans les conditions actuelles peu favorables, notre œuvre marocaine se poursuit et se développe, par le dévouement d'une multitude d'officiers et de fonctionnaires d'élite dont nous avons pu sur place apprécier la haute valeur professionnelle et morale et chez lesquels un chef éminent a su cultiver les belles qualités d'action et de courage qu'il possède au suprême degré. La besogne est rude. La situation est plus délicate qu'elle ne fut jamais en aucun pays dont nous ayons tenté la mise en valeur.

Une spéculation intense fausse tous les principes économiques. Elle a jeté sur certains points du Maroc et jettera partout demain, si l'on n'y prend garde, sa fièvre menteuse et dangereuse. Elle a attiré au Maroc, pêle-mêle, les bons et les mauvais éléments. On croit rêver quand on voit certains terrains de Casablanca monter à 350 francs le mètre, lorsqu'on entend dire que tel autre acheté 20.000 francs vaut aujourd'hui 3 millions !

Au surplus, voici quelques exemples intéressants d'opérations foncières à Casablanca.

20 hectares environ limités par la route de Rabat, la mer et le terrain maghzen de Sidi Belliout, achetés à raison de quelques centimes le mètre carré.

En 1909 et 1910, vente de lots à 3 francs et 6 francs le mètre carré ; en 1911, vente de lots à 25 francs ; en 1912, à 40 francs ; en 1913, à 50 francs, puis 70 francs, puis 100 francs ; en 1913, un lot de 700 mètres carrés environ est vendu 125 francs le mètre.

Prix actuel : 100 à 150 francs le mètre, selon situation.

Terrain, route de Rabat à proximité de Sidi-Belliout, deux hectares et demi environ, achetés 30.000 pesetas hassani environ, en 1907 et 1908.

Valeur actuelle : 3 millions.

10 hectares à proximité du boulevard de Rabat, achetés en 1910-1911 au prix de 3 francs le mètre. Vente de lots, en 1912, à raison de 15 à 25 francs le mètre. Vente en 1913, à 30, 40, 50, 70 francs le mètre.

Valeur actuelle : 60 à 100 francs, selon situation.

Terrains du boulevard de l'Horloge, achetés en 1909, 1910, 1911, à raison de 5 à 10 francs le mètre carré. Valeur actuelle : 200 francs le mètre environ. Les propriétaires demandent 500 francs, mais aucune transaction n'a été faite.

Terrains, avenue du Général-d'Amade, en face des écoles, achetés 0 fr. 05 le mètre quelque temps avant l'occupation. Vente de lots en 1913, à 100 et 150 francs le mètre. Valeur actuelle de 100 à 200 francs le mètre.

Nous pourrions multiplier ce genre de citations. Elles nous ont paru suffisantes pour caractériser une situation dangereuse peut-être pour l'avenir, mais qui, dans tous les cas, domine le présent.

Mais à quoi bon s'étonner, dès lors, d'être forcés

de créer un port coûteux là où tant d'intérêts s'agitent, là où se bâtit de toutes pièces une ville de plus de 6 kilomètres de long, et comment ne pas concevoir qu'à moins de déclancher soi-même la faillite, il faille soutenir un si prodigieux effort que l'on souhaiterait ardemment voir récompensé pour ce qu'il a de superbe dans sa partie saine.

Il est certain qu'il y a là un grave péril qu'a nettement perçu le général Lyautey, qui voulait bien nous écrire à la date du 12 décembre dernier :

« Je crois que vous ne pouvez rendre au Maroc de plus grand service que de mettre en garde contre un emballement prématuré et de crier casse-cou à tous ceux qui viennent au hasard y faire de la spéculation, croyant y trouver un Eldorado ».

*
* *

Il existe au Maroc un autre état d'esprit fâcheux sur lequel votre rapporteur se doit d'attirer votre attention. On semble opposer sans cesse les villes entre elles ; il règne comme un esprit de lutte perpétuelle entre Casablanca et Rabat, entre Casablanca et Mazagan. Et lorsqu'il s'agit de Tanger, le conflit semble s'envenimer encore. Et cependant il ne faudrait pas, succombant à cette façon de voir, se désintéresser de tout ce qui n'est pas entièrement de notre domaine de protection.

Les convenances d'ordre politique et international qui ont conduit à l'institution d'un régime spécial à Tanger ne doivent pas nous faire négliger les possibilités économiques d'une ville dont le développement nous importe, non seulement par égard pour la colonie française, nombreuse, active, qui y maintient quelque peu notre prépondérance, mais aussi, et nous devrions même dire plus encore pour la répercussion immédiate et inévitable que toutes les manifestations d'un Tanger vivant et prospère auront sur l'évolution plus ou moins rapide et sûre des régions confiées à notre Protectorat.

Tanger a été, jusqu'à présent, le lien particulièrement favorable du contact matériel, de la pénétration morale entre l'Europe et le Maroc. Nous devons toujours le considérer comme l'une des portes les plus accessibles par où ne cesseront de passer les hommes, les capitaux, quelquefois les idées, et dont la séduction pourra nous attirer des hôtes, des associés, et leur faire entrevoir, pour les retenir, un Maroc presque tangent à toute notre vie moderne. D'ailleurs, cette porte ouvre sur la Méditerranée, c'est-à-dire sur le grand lac aux bords fleuris de civilisation latine, où notre génie a pu, traditionnellement, s'épanouir.

La France ne peut donc se résoudre à l'abstention en face de Tanger, à une abstention qui serait un recul. Nous devons prendre notre part aux prospérités qui s'annoncent, auxquelles notre colonie contribuera. D'autant plus que l'action de Tanger s'étendra ; elle rayonnera sur tout le Maroc et par conséquent chez nous ; il convient donc de s'appliquer avec un soin particulier, si discret soit-il, aux actes susceptibles de faciliter ce rayonnement et d'assurer à la zone française le bénéfice, au moins économique et moral, d'un port vraisemblablement destiné à devenir un entrepôt achalandé au carrefour de la circulation mondiale.

Pour collaborer à cette prospérité locale de Tanger, il est un moyen rigoureusement conforme à la plus stricte neutralité diplomatique puisqu'il s'exercerait sur le seul territoire de notre zone et qui serait précisément le plus efficace pour nous permettre une participation directe aux profits de cette prospérité.

Il suffit d'accorder quelque attention aux routes susceptibles de favoriser les conditions matérielles de l'accès du protectorat par Tanger. Les ports de la côte atlantique n'en souffriraient aucun préjudice : ils bénéficieraient, au contraire, de la fréquentation plus active, de l'exploitation plus intense d'un hinterland que tant de voyageurs ou de colons aideraient à féconder. Aucun port, d'ailleurs, n'a jamais pu considérer comme un élément appréciable de sa prospérité l'appoint insignifiant d'un péage quelconque prélevé sur le passant qui embarque ou débarque. Ce que Rabat, Casablanca, Mazagan ou Mogador perdraient à cet égard serait très largement compensé par la surproduction, le mouvement général et accru des affaires qui résulteraient d'une population plus nombreuse et de visiteurs plus fréquents.

Pour manifester en ce sens notre sentiment et nos tendances, nous avons précisément indiqué la route de Fez jusqu'aux confins de notre zone, dans la direction de Tanger, comme l'une de celles que les fonds de l'emprunt permettraient d'étudier et de construire.

Ajoutons enfin qu'un autre intérêt s'attache à ce que nous conservions notre part d'influence à Tanger.

Tanger n'est pas que le port accueillant dont le charme séduit le touriste, elle est le centre indiqué de toutes les agitations possibles. C'est là que l'avenir, comme l'a fait le passé, peut grouper tous les mécontents, tous les indésirables que la politique du protectorat aura éloigné de notre zone, ou qui, venus d'autres régions, auront intérêt à remuer le monde musulman et à influencer notre politique générale.

On conçoit dès lors combien un organisme de renseignement et de surveillance s'impose en un point aussi capital.

∴

Un péril apparaît menaçant au Maroc, l'alcoolisme Ce fléau se développera rapidement si une entente entre puissances intéressées — nous pourrions dire désintéressées — n'intervient pas à bref délai. Quand on songe que l'alcool paye à la douane 7 1/2 0/0 alors qu'on réclame 12 1/2 à l'eau minérale, on a tout lieu de rester surpris d'une pareille anomalie qui frise le scandale.

Nos troupes et nos chantiers sont littéralement assiégés par le cabaretier.

A Fez, sur 400 Français, plus de 300 s'adonnent au fructueux commerce de l'alcool. En 1907, Casablanca comptait 5 ou 6 débits de boissons. En janvier 1912, leur chiffre s'élève à 161, et qui sait quelle a été son ascension depuis !

Et que l'on ne croie pas que la religion garantisse l'indigène. Nous avons eu l'occasion à Kenitra d'interroger un directeur de chantier sur l'emploi que faisaient les indigènes de leur paie : « Un tiers, nous fut-il répondu, l'enterre. L'autre tiers la joue et le dernier tiers la boit ». C'est surtout, pour l'instant, sur nos troupes quesévit le mal et c'est avec une juste indignation qu'un de nos plus remarquables officiers supérieurs nous écrit : « Je ne puis voir sans exaspération nos soldats, noirs comme blancs, musulmans comme chrétiens, s'acheminer vers ces ignobles baraques qui s'accroissent chaque jour en nombre et semblent monter à l'assaut du camp, avec leurs bouteilles remplies de poisons multicolores... Quel plaisir on aurait à y mettre le feu ! »

On a remarqué que parmi les noirs, comme parmi les Européens, et les Arabes, l'alcoolisme sévit moins dans les postes où les commandants d'armes sont investis d'une autorité vraiment efficace qu'à Casablanca et dans les villes où l'on se heurte à chaque instant aux subtilités des capitulations. Chez les noirs, l'alcoolisme, quoiqu'en progrès très sensible depuis leur arrivée au Maroc, ne constitue pas encore un danger très pressant, mais des mesures énergiques s'imposent dès maintenant.

Les Bambaras fétichistes qui forment la meilleure partie du contingent sont beaucoup plus portés à boire que les noirs musulmans. D'un esprit fruste, ils boivent jusqu'à l'extrême limite de l'ivresse. La plupart des fautes graves qu'ils commettent ont l'alcool pour cause première, les conseils de guerre en savent quelque chose.

Le prix des boissons fermentées avoisine 1 franc la bouteille quelle que soit leur nature : absinthe, anisette, rhum, etc.

Inutile de dire combien sont rendues difficiles la surveillance et la répression en pareille matière.

Les débitants, étrangers pour la plupart, trouvent

en général aide et protection auprès de leurs consuls, et c'est surtout avec les autorités indigènes que nous devons nous solidariser dans cette lutte contre l'alcool.

On l'a bien tenté. L'interdiction de l'absinthe, la limitation du nombre des débits de boissons, l'idée d'un droit de consommation, tout cela procède évidemment des excellentes dispositions du Protectorat. Mais en ira-t-il dans la pratique aussi facilement que dans la conception. Il est permis dans les circonstances actuelles de faire quelques réserves, bien que notre confiance soit absolue dans les efforts que tentera l'administration marocaine dans cette lutte difficile.

Et quoi qu'il en soit, le cri général doit être : Guerre aux empoisonneurs par tous les moyens légaux et praticables.

∴

On nous pardonnera ces vérités qu'il faut dire. Nul plus que moi ne croit au succès final, mais il voudrait bien que la raison fût la base de l'admirable et futur triomphe de son pays. Le Maroc doit être le plus beau fleuron de notre couronne africaine. Il connaît à sa naissance, avec plus d'intensité que nos autres créations, les mêmes dangers, les mêmes périls. Nous aurons à cœur de les surmonter.

IV

LE MAROC PENDANT LA GUERRE (1).

Lorsque plus tard on écrira l'histoire de la Grande Guerre, le chapitre consacré au rôle et à l'action des colonies ne sera pas l'un des moins glorieux et des moins émouvants. Les historiens de l'avenir montreront l'aide puissante, majestueuse, qu'ont apportée au Royaume-Uni les Dominions canadiens, australiens, sud-africains, l'empire des Indes et les colonies de la Couronne ; ils devront aussi proclamer combien grande et diverse a été la participation des colonies françaises à l'œuvre libératrice et, dans leurs travaux, les pages consacrées à la vie du Protectorat marocain pendant cette période seront peut-être les plus curieuses et les plus passionnantes.

(1) Extrait du rapport sur l'emprunt de 1916.

*
* *

La destinée du Maroc pendant la guerre aurait pu être tragique et sanglante. Terre de prédilection des combats, le Maghreb chérifien allait-il se soulever alors qu'à peine conquis par nos armes il était en pleine organisation ? En un mot, la vitalité du Maroc français allait-elle être brusquement arrêtée, les biens acquis de la veille, les fermes, les usines, les commerces édifiés quelques mois auparavant, l'outillage économique déjà existant, tout cela allait-il être anéanti ? Et tous ces travaux fécondants par lesquels s'affermissaient hier le génie et la richesse de la France devaient-ils donc être délaissés ? Ainsi que l'exposait, dans une remarquable conférence, M. Guillaume de Tarde, secrétaire général adjoint du Protectorat, « allions-nous partir, tout abandonner ? » Cela, au premier abord, eût semblé logique et aucun de nous n'en aurait blâmé le chef responsable. Le général Lyautey pensa différemment et les événements n'ont pu que confirmer sa patriotique clairvoyance.

Le programme du Protectorat chérifien, d'après M. de Tarde, fut le suivant : « Envoyer en France le plus possible de troupes actives. Pour cela, conserver toutes nos positions militaires extrêmes, « l'armature », car le moindre craquement aux avant-postes serait fatal. Le Maroc est, d'ailleurs, la clef de voûte de l'Afrique du Nord. Sait-on quelles conséquences mondiales entraînerait son abandon ? Mais le Maroc vidé de troupes est comme une écorce sans bois. Pour l'étayer — conserver toutes nos positions économiques, mobiliser, en quelque sorte — militariser le commerce, l'agriculture et l'industrie. Et plus tard, qui sait ? Si la guerre dure (car il faut toujours prévoir le pire), travailler, construire, agir, en profitant de la liberté d'action qu'elle nous donne ».

L'empire chérifien a donc continué à vivre sa vie. Cette vie se déroule-t-elle identique à celle d'avant la guerre ? Il est de toute évidence que les contingences ne sont pas les mêmes. Nous sont-elles plus favorables ou, au contraire, nous rendent-elles plus difficile notre œuvre marocaine. Toute la question est là. Votre rapporteur s'est donc efforcé de déterminer quels éléments nouveaux la déclaration de guerre a apportés dans la vie sociale et économique du Protectorat. Ce sont les résultats de cette rapide étude, entreprise grâce aux notes officielles, aux articles de presse, aux témoignages oraux ou écrits, qui vous sont exposés succinctement dans ce rapport. Nous avons voulu « tâter le pouls » du Maroc au dix-huitième mois de la guerre et, si possible, établir un diagnostic. Que le Sénat soit rassuré : le Maroc est, après quelques accès de fièvre impossible à éviter, en parfait état de santé : nous dirons plus, il est même en pleine croissance.

Répercussion sociale de la guerre au Maroc.

C'est au milieu de son évolution administrative et économique que la guerre a surpris le Protectorat chérifien. Après les vicissitudes que l'on sait, les heures troubles traversées, le Gouvernement chérifien, sous la vive impulsion du Résident général, s'était mis à l'œuvre et avait entrepris l'œuvre de régénération du Maroc.

Au point de vue militaire, la zone pacifiée s'étendait toujours davantage, atteignant les murailles de l'Atlas ; la jonction avec les confins algériens était réalisée à Taza en 1914. Au point de vue administratif, la législation marocaine prenait corps, de nombreux textes étaient élaborés et recevaient application, peu à peu l'armature du Protectorat se forgeait et, déjà, l'organisation financière, et cela malgré de multiples entraves internationales, se dégageait des nimbes du début. Des impôts comme ceux du Tertib de la taxe urbaine étaient établis, d'autres allaient l'être. Enfin, il vous a déjà été à maintes reprises signalé le vaste programme d'outillage économique qui recevait un commencement d'exécution. On commençait un port, on ouvrait des routes, de grands travaux de voirie étaient accomplis ; on préparait enfin, avec l'immatriculation des terres, le dénouement des affaires immobilières, obstacle à la colonie naissante. Le mouvement général commercial était passé de 152.227.000 francs en 1912 à 180.196.000 francs en 1913 et la part de la France s'y chiffrait par 49.925.000 francs en 1912 et 90.483.000 francs en 1913.

Le 2 août 1914, la guerre éclata. Le Maroc a été trop, durant ces dernières années, la « pomme de discorde » entre la France et l'Allemagne, la question marocaine a trop souvent revêtu un caractère international d'extrême gravité, pour que la déclaration de guerre n'ait pas jeté et dans la population indigène et dans l'élément européen un trouble profond. Dans un pays à peine conquis, soumis à un statut international instauré sous la pression des Empires du Centre, travaillé par des partis hostiles et par une nuée d'agents allemands, en proie à une immigration européenne d'une origine parfois douteuse, il était impossible que les difficultés inhérentes à la guerre ne suscitassent pas de redoutables conflits.

I

RÉPERCUSSION SUR LES INDIGÈNES

Avant d'aborder ce chapitre intéressant à tant de points de vue, il nous a semblé que nous remplirions un devoir de gratitude en soulignant tout d'abord le loyalisme profond de notre collaborateur S. M. Mouley Youssef.

A travers le bled marocain l'écho du canon est parvenu jusqu'au Sultan du Maroc qui depuis le jour de la déclaration de guerre s'efforce de tout son pouvoir de concourir à l'œuvre de salut et de participer à la grande lutte. En août 1914, répondant à un télégramme du Président de la République, S. M. Mouley Youssef disait : « *Nous avons simplement accompli une partie de notre devoir en témoignant de notre gratitude pour les bienfaits du gouvernement de la République et en reconnaissant ses procédés excellents à notre égard. Nous demeurons prêt au surplus à vous assister dans toute la mesure que nécessitent les événements, la France et l'Empire chérifien étant devenus un seul et unique pays.*

Ces hautes paroles n'ont pas été vaines. L'union s'est scellée sur nos champs de bataille par le courage et l'héroïsme des superbes troupes marocaines. Ce courage et ces exploits nous les devons certes aux qualités guerrières de la race, mais ces qualités mêmes ont été comme portées à leur plus haut degré par le pressant appel du chef naturel de tant de héros. Il faut rappeler aussi les exhortations du sultan à ses troupes, nobles paroles inspirées par la loyauté la plus absolue envers notre cause :

« *La France s'est trouvée dans l'obligation de prendre les mesures nécessaires à la défense de son honneur national, et ses alliés se sont mis à ses côtés pour combattre l'ennemi sur terre et sur mer. C'est ce qui motive votre envoi en France. Nous sommes persuadés que vous saurez montrer au milieu des autres troupes vos qualités de bravoure, de courage et de hardiesse* ».

Et dans une lettre adressée à ses soldats le 15 novembre 1914, le sultan insistait :

« *Vous montrerez à ceux qui vous entourent, devant l'ennemi, que vous avez précieusement conservé vos vertus premières, vous rappellerez aussi avec éclat le souvenir des vaillants de votre race, vous vous couvrirez vous-mêmes à jamais d'une gloire que vos descendants se transmettront de génération en génération* ».

Le Sénat voudra se joindre à son rapporteur pour rendre un hommage mérité à S. M. Mouley Youssef, dont la vigilance si noble et si éclairée suffirait seule à rappeler à ses peuples qu'ils sont sous l'autorité d'un descendant du prophète que vénère tout l'Islam. La France n'oubliera pas le concours loyal qu'elle aura trouvé auprès de lui et de son peuple ; elle saura, la paix venue, traduire en acte sa reconnaissance, pour la plus grande prospérité et le plus haut bonheur de l'Empire chérifien.

Ce devoir rempli, il convient d'envisager quelles

ont été les répercussions sociales de la guerre sur les populations indigènes, c'est-à-dire sur la grande masse un peu mystérieuse dont nous avions à peine eu le temps de nous faire connaître. La guerre nous trouva là-bas en pleine manœuvre militaire. Nos troupes avaient planté le drapeau à Taza et à Kenitra « mais la soumission des tribus dissidentes qui entouraient ces centres indigènes n'avait pu encore être obtenue et les opérations militaires nécessaires pour la réaliser venaient d'être commencées ». Brusquement il fallut arrêter les opérations et envoyer à la Métropole 40 bataillons, entre autres cette belle division dont les soldats de von Klück ont senti « la main de fer » à la Marne. Dégarni de troupes, le Maroc se trouvait menacé de la révolte. Le général Lyautey résolut d'inspirer aux tribus que la force française était toujours là. Portant ses quelques troupes en avant, et faisant appel à ces contingents territoriaux dont nous ne pourrons jamais assez louer la vaillance et l'allure juvénile, le Résident général fit occuper tous les postes avancés du Maroc « la zone arrière, à l'intérieur de cette armature, étant pour ainsi dire vide de troupes ». Le nombre fut suppléé par la mobilité et ainsi parvint-on à maintenir dans l'esprit des tribus dissidentes l'impression de force par laquelle notre Protectorat s'était implanté. En disant que ces diverses opérations de police, faites, soit avec des éléments trop jeunes, soit avec des éléments trop âgés, ne donnèrent aucun mécompte, nous travestirions la vérité, et l'avouer c'est reconnaître encore davantage le mérite de ceux qui combattent là-bas pour le drapeau. Car la tâche a été et est encore dure.

Au début même de la guerre, le maintien de l'armature militaire » du Maroc, les mesures de « défense sociale » prises au lendemain de la mobilisation à l'égard des sujets allemands ou austro-hongrois, leur internement et l'envoi devant le Conseil de guerre de ceux qui étaient inculpés d'espionnage et de propagande hostile, l'obligation imposée aux indigènes « censaux » allemands de rentrer dans le droit commun, avaient fortement impressionné la population marocaine. La propagande allemande parut arrêtée. Il n'en était rien, hélas ! et le 13 novembre 1914 une partie de nos troupes fut massacrée dans la triste affaire d'El-Herri. « L'affaire d'El-Herri est rapidement connue et commentée, nous est-il dit dans un intéressant article publié dans le *Bulletin de l'Afrique française* de décembre 1915. Elle apporte l'espoir au cœur de nos ennemis, chassés du Maroc après avoir vu échouer leurs premières tentatives de guerre sainte et d'insurrection générale depuis si longtemps préparée dans tous ses détails mais qui n'attendent pour reprendre leurs desseins qu'une occasion favorable. »

Alors que le calme se fait sur tout le front de

l'Atlas et dans l'Extrême-Sud, l'agitation, peu à peu, prend naissance sur tout le front du Riff où l'action allemande s'exerce librement à la faveur des facilités que leur offre la zone neutre. C'est dans le Nord, en effet, que les organisations de propagande allemande entrèrent en jeu ; des émissaires furent envoyés par nos ennemis aux tribus révoltées, de nombreuses brochures répandues à profusion, des « tracts » hostiles firent connaître et amplifièrent les succès allemands et, enfin, la Turquie ayant déclaré la guerre à l'Entente, le « fetoua » de Djihad, lancé du haut des minarets de Stamboul, tout entaché qu'il soit d'illégalité au point de vue de l'orthodoxie islamique, servit encore la cause de nos ennemis. Cette propagande, nous dit un document officiel, si habilement et si énergiquement menée, se traduisit presque immédiatement par un soulèvement des tribus du Nord et par une reprise d'hostilités des tribus montagnardes du moyen Atlas.

Par une série de manœuvres, le général Henrys ramena sinon le calme absolu du moins une paix armée. Sur le front du Riff et sur le front berbère, le programme consistait :

1° A élargir le couloir de Taza ;

2° A dégager ses abords ;

3° A occuper la vallée du Quigo (où nous menaçait un mouvement soulevé par Abd-el-Malek, petit-fils d'Abd-el-Kader, gagné aux Allemands).

Il fut entièrement réalisé à la fin de l'année 1915.

Est-ce à dire que nos troupes doivent aujourd'hui se reposer sur leurs lauriers ? « Encore maintenant — déclare le général Lyautey — il faut être constamment sur le qui-vive, et la situation militaire du Maroc ne se maintient que par le mouvement incessant de nos colonnes et par un travail politique intensif. Il ne faut pas oublier que toutes les nouvelles filtrent parmi les populations berbères plus ou moins déformées et que les émissaires de nos ennemis ont tenté, notamment, d'amplifier les faits qui se sont passés aux Balkans. Nous devons donc redoubler d'activité politique et militaire. »

Votre rapporteur aurait manqué à la sincérité qu'il doit à la Haute Assemblée s'il avait écrit que tout est pour le mieux dans le meilleur des Protectorats. Mais dans ce tableau tracé à grands traits, si quelques ombres peuvent se remarquer, elles permettent surtout de mettre en relief les remarquables résultats obtenus durant la guerre.

Il y a là un fait social et économique des plus louangeux pour nos doctrines coloniales et qui montre combien puissante a été notre action dans ces contrées à peine soumises à notre autorité. C'est ainsi qu'à l'abri de « l'armature militaire » que nous exposions dans les lignes précédentes, la vie économique des indigènes s'est développée en toute sécurité, la « paix française » a régné permettant une mise en valeur de jour en jour plus considérable du sol et des richesses naturelles du pays. La grande majorité des Marocains s'est ralliée à notre cause. Plus de 10.000 d'entre eux ont combattu sur notre front. Le Protectorat a su, pendant cette période difficile, attirer par une large politique les classes dirigeantes de la population marocaine. La vive impulsion donnée en même temps aux travaux publics permit à la partie déshéritée du peuple de trouver du travail et, grâce à cela, une aisance inconnue jusqu'ici est entrée dans maints « gourbis », chassant toute pensée de rébellion, et c'est dans ce sens que la formule du général Lyautey paraît avoir eu d'heureuses réalisations : « Tout chantier nouveau vaut un bataillon ».

Aussi, grâce aux mesures militaires prises par le Protectorat, le Maroc indigène a pu continuer à se développer et à évoluer pacifiquement.

Ces élans de mutuelle confiance ont permis la formation de nombreux comités de secours alimentés en partie par les autochtones et il serait intéressant de signaler les mouvements de solidarité qu'offrent nos protégés en faveur de la Métropole et de tous ceux, français, indigènes ou alliés, qui combattent en Europe.

II

RÉPERCUSSION SUR L'ÉLÉMENT EUROPÉEN

Récemment M. le général Lyautey, dans une note adressée à votre rapporteur, esquissait en quelques lignes une étude sur la psychologie du peuplement européen des villes de Rabat et de Casablanca : « A Rabat, écrivait-il, la population européenne, qui ne comptait que 400 représentants en 1911, s'élevait au début de la guerre à 4.800. A ce moment, et en raison même de cette augmentation, les tendances aux groupements par nationalités commençaient à se dessiner nettement.

« L'élément français était représenté tout d'abord par les fonctionnaires des services de la Résidence, par des immigrants provenant surtout de la Tunisie et de l'Algérie, et enfin par quelques nationaux venant directement de la métropole. Ces immigrants avaient été attirés par l'espoir de gains faciles et, si quelques-uns d'entre eux arrivaient avec des capitaux, le plus grand nombre ne venait qu'avec de l'expérience professionnelle et simplement pour chercher aventure.

« Les Espagnols, à part un petit nombre de commerçants, comprenaient principalement des ouvriers terrassiers, charretiers, etc..., il en était de même des Italiens. Quant aux Allemands et Autrichiens, ils étaient en nombre beaucoup plus restreint, mais presque tous étaient des commerçants avisés, pratiques, âpres au gain, et sachant néanmoins amorcer la clientèle indigène par la présentation d'articles sélectionnés, d'un bon marché relatif et surtout en offrant à cette clientèle des facilités de payement que le commerce français ne lui donnait pas.

« Chacun de ces différents éléments cherchait à asseoir ses relations commerciales en faisant luire aux yeux des indigènes la valeur de la protection de la nationalité à laquelle ils appartenaient. Les Allemands surtout étaient arrivés à se créer ainsi une clientèle de protégés dont ils espéraient tirer profit dans un but politique.

« Du côté des Français, l'amalgame se fit rapidement et, dès 1913, nous avons vu éclore deux syndicats ayant pour objet de pousser le Protectorat dans la voie de réalisation favorable aux intérêts français. Je dois dire que ces syndicats, dès leur début, n'eurent pas grand succès et que leur influence n'est devenue effective que depuis le commencement des hostilités.

« En somme, en juillet 1914 les affaires étaient prospères ; les mutations de terrains fréquentes laissaient de beaux bénéfices, en raison des prix élevés qui étaient pratiqués ; de nombreuses constructions s'édifièrent, fournissant ainsi à la main-d'œuvre européenne des bénéfices rémunérateurs, et on peut dire qu'à cette époque un artisan de valeur moyenne était payé deux fois plus qu'en France.

« Lorsqu'au mois d'août 1914 la mobilisation fut décrétée, il se produisit un temps d'arrêt dans nombre l'essor économique de Rabat ; le plus grand de nos concitoyens furent mobilisés et bien des entreprises, qui seraient devenues prospères, périclitèrent. Il n'y eut cependant qu'un temps d'arrêt.

« Le Protectorat s'était décidé à ne pas arrêter en pleine crise l'essor que prenait le Maroc et, pour cela, s'est efforcé de conserver à la vie économique le plus de bras et d'intelligences possible. Partout les initiatives privées furent encouragées, partout des chantiers de travaux publics ouverts soit par le Maghzen, soit par les municipalités, soit par les particuliers. Aussi, dès le mois d'octobre 1914 on pouvait déjà constater un effort considérable et cet effort s'est continué jusqu'à ce jour.

« La population européenne, qui avait baissé dans de notables proportions par suite du départ de plusieurs familles de Français mobilisés, s'est accrue peu à peu et on peut affirmer qu'elle est aujourd'hui égale, sinon supérieure, à ce qu'elle était au mois de juillet 1914.

« Bien qu'aucun recensement de la population n'ait été fait depuis le mois de mars 1914, certains indices viennent appuyer l'affirmation que nous donnons plus haut. C'est ainsi que les prix des loyers, qui avaient notamment baissé, sont revenus aux anciens taux d'avant la guerre, que la production des boulangeries européennes est également sensiblement la même qu'en juillet 1914, et que la population scolaire actuelle est supérieure à ce qu'elle était l'année dernière.

« Au point de vue politique, la mentalité de la population française s'est modifiée ; on constate qu'au lieu d'éparpiller leurs efforts, les éléments français cherchent à se grouper pour améliorer leurs conditions d'existence et à s'armer pour faire prédominer leurs intérêts.

« La colonie espagnole s'est également groupée ; elle cherche (et elle y a réussi) à tirer profit de la guerre actuelle pour réaliser des bénéfices commerciaux et s'implanter fortement dans le pays. Il en est de même des Anglais et les Européens de ces deux nationalités sont fortement aidés en cela par les Israélites de Gibraltar et de Tanger. Ceux-ci, en effet, parlant couramment l'anglais, l'arabe et le français, sont des courtiers de tout premier ordre, et c'est eux qui depuis 14 mois ont réalisé ou fait réaliser les plus gros bénéfices. »

On peut donc conclure que si l'état de guerre a

modifié dans une certaine mesure les conditions d'existence de la population européenne de Rabat, les mesures prises ont eu pour effet de maintenir à peu près intactes les conditions économiques de cette population, de resserrer les liens des différentes colonies et de donner aux familles des mobilisés les moyens matériels d'attendre, sans trop de privations, la fin des hostilités.

Il est à noter, enfin, au point de vue économique, un détail assez important.

Au mois de juillet 1914 la valeur des terrains avait atteint son apogée, depuis cette époque elle a très sensiblement baissé et il est à prévoir que de longtemps on ne pratiquera plus les prix élevés qui étaient courants avant la guerre. Il en résultera forcément que les détenteurs actuels ne pourront pas dégager les capitaux engagés et qu'ils devront s'efforcer d'en tirer parti en exploitant eux-mêmes ou en faisant exploiter.

Ce qui est vrai pour Rabat, l'est aussi pour Casablanca. Dans cette dernière ville la population européenne s'est accrue encore, l'élément espagnol principalement. Le tableau ci-après donne les chiffres de l'augmentation pour Casablanca :

ANNÉES	POPULATION	
	européenne	totale
1907	900	»
1911	3.238	»
1912	5.787	81.650
1914	27.423	»

Le groupement européen n'a donc pas souffert de la guerre ; les parties saines de cette population ont pu continuer à vivre sans trop d'entrave ; la mobilisation a cherché à se faire « conciliante », c'est-à-dire à ne pas jeter un trouble permanent, les étrangers, alliés ou neutres, ont pu en toute liberté donner leurs soins aux travaux par eux entrepris et contribuer ainsi au développement du Maroc. Quant aux ressortissants des nations ennemies, grâce aux mesures prises à leur égard, ils furent mis dans l'impossibilité de nuire à la cause française.

La situation économique.

Les renseignements que votre rapporteur a pu recueillir sur la situation économique du Protectorat marocain, pendant la première année de guerre, c'est-à-dire de septembre 1914 à septembre 1915, sont des plus favorables. Si l'on compare, en effet, les statistiques commerciales du 1er semestre 1914 à celles du 1er semestre 1915, on obtient les résultats suivants :

DÉSIGNATION	COMMERCE TOTAL		AUGMENTATION
	1914 1er semestre.	1915 1er semestre	
	fr.	fr.	fr.
Importation.....	61.195.155	68 984.378	1.789.223
Exportation.....	8.152.520	12.324.136	4.706.520
Total..	75.347.675	81.308.514	5.960.839

Ainsi donc, malgré la guerre, on peut affirmer que le mouvement des échanges au Maroc non seulement n'a pas été enrayé mais encore qu'il a progressé. L'idée maîtresse qui a inspiré la conduite du général Lyautey pendant cette guerre et qui a reçu l'approbation du Gouvernement a été, ainsi qu'il a déjà été maintes fois signalé, de « maintenir dans son intégralité tant en ce qui concerne l'aire géographique de notre occupation qu'en ce qui est relatif au développement économique de notre nouvelle possession sud-africaine ». Le Protectorat s'est efforcé de constituer dès maintenant l'outillage économique qui fait défaut ; 450 kilomètres de routes ont été livrés à la circulation et la grande route impéaiale « Fez-Taza-Oudja » est entamée, route qui « reliera le protectorat à l'Algérie » et « donnera enfin au Maroc agricole, isolé encore de la mer, toutes facilités pour amener rapidement ses produits à la côte et recevoir ceux qui lui sont nécessaires » (1). D'autres travaux publics sont en cours dans les ports de Casablanca, Rabat, Kenitra, Fedallah, Safi. Des programmes de voies ferrées sont prêts. Au milieu d'une telle activité le commerce marocain ne pouvait que continuer sa marche ascendante.

Si l'on cherche à déterminer le mouvement des importations marocaines cet examen permet de déterminer comme suit la participation de chacune des puissances dans le chiffre global des importations en zone française :

PAYS	1er semestre 1914.	1er semestre 1915	DIFFÉRENCE en 1915	
			en plus	en moins
	0/0	0/0		
France	53 84	52 27	»	1 57
Angleterre	18 95	23 80	4 85	»
Allemagne	7 28	0 03	»	7 25
Espagne	3 02	4 69	1 67	»
Belgique	3 91	0 03	»	3 88
Italie	0 85	1 18	0 33	»
Autriche	2 08	»	»	2 08
États-Unis	1 36	1 83	0 47	»
Portugal	0 04	0 14	0 10	»
Égypte	0 01	7 11	7 10	»
Russie	0 41	»	»	»
Pays-Bas	2 15	4 48	2 33	»
Suède	1 32	0 04	»	1 28
Norvège	0 06	0 17	0 11	»
Autres pays	4 72	4 23	»	0 49

(1) « Le Maroc et la Guerre », René Moulin, *Revue Hebdomadaire* du 1er janvier 1916.

La guerre a annihilé le commerce de l'Allemagne et de l'Autriche avec le Maroc pendant le semestre étudié. Il nous a paru intéressant de rechercher par quelles nations a été prise la place perdue par ces puissances.

Ce sont surtout les commerces anglais, égyptien, hollandais et espagnol qui ont profité de l'absence de la concurrence des nations ennemies et qui ont bénéficié également des interdictions d'exportation de certaines marchandises des pays alliés.

Puis viennent, dans des proportions moindres, et par ordre d'importance, les Etats-Unis, l'Italie, la Norvège et le Portugal.

Quant à la part de la France dans le commerce total des importations, elle fléchit de 53,84 0/0 en 1914 (1er trimestre) à 52,27 0/0 en 1915.

Il nous a semblé utile de décomposer l'importation entre les différents articles de façon à constater quelle répercussion a eue la guerre sur la nature des produits introduits au Maroc. Cette décomposition fait l'objet du tableau ci-après :

	IMPORTATIONS		DIFFÉRENCE 1915.	
	1er semestre 1914	1er semestre 1915.	en plus	en moins
Total.... fr.	67.195.155	68.984.378	1.789.223	»
	0/0	0/0		
Animaux vivants	0 68	0 12	»	0 56
Conserves, lait, fromage, etc.	2 56	3 75	1 19	»
Poissons frais et conservés	0 25	0 21	»	0 04
Céréales : grains	3 93	0 83	»	3 10
Farines	8 25	2 53	»	5 72
Légumes secs et autres farineux.	1 82	2 14	0 32	»
Fruits et graines	0 84	0 68	»	0 16
Sucre	19 20	36 73	17 53	»
Thés	5 35	5 12	»	0 23
Huiles, gommes, résines	1 50	1 51	0 01	»
Bois	2 73	0 38	»	2 35
Légumes frais, fourrages, plantes, paille et autres végétaux	0 82	0 79	»	0 03
Vins	2 61	3 40	0 79	»
Bières	0 45	0 37	»	0 08
Eaux-de-vie, alcools, liqueurs	1 31	0 77	»	0 54
Matériaux de construction	3 20	1 31	»	1 89
Huile minérale de pétrole	0 81	1 14	0 33	»
Houille	0 80	0 36	»	0 44
Métaux	3 33	1 26	»	2 07
Produits chimiques	0 41	0 41	»	»
Parfumerie	0 21	0 21	»	»
Savons ordinaires	0 26	0 67	0 41	»
Bougies	1 62	1 94	0 32	»
Faïences et porcelaines	0 46	0 13	»	0 33
Verres et cristaux	0 69	0 19	»	0 50
Fils, ficelles et cordages	0 38	0 48	0 10	»
Tissus de coton	12 21	16 45	4 24	»
Tissus de laine	1 08	0 54	»	0 54
Tissus de soie	1 28	0 86	»	0 42
Confection, bonneterie, etc.	4 53	3 32	»	1 21
Papier, carton, article de papeterie	0 77	0 70	»	0 07
Peaux préparées, chaussures	0 80	0 97	0 17	»
Ustensiles et ouvrages en métaux, machines et mécaniques	6 98	3 39	»	[illegible]
Meubles et ouvrages en bois	1 80	0 56	»	1 24
Autres articles	6 08	5 78	»	0 30

Ce tableau fait ressortir :

1° Une augmentation des plus sensibles sur les sucres, tissus de coton, conserves de viande, lait, fromage, beurre, vins, huiles minérales, bougies et légumes secs importés en plus grande quantité en 1915 ;

2° Une diminution des importations des farines, ouvrages en métaux, matériaux de construction, ouvrages en bois, confections, animaux vivants, tissus de laine, verres cristaux, houille, tissus de soie, eaux-de-vie, alcools et liqueurs, faïences et porcelaines.

A remarquer que, à l'exception des céréales et farines dont l'importation a diminué parce que la consommation locale a été suffisamment alimentée par la bonne récolte, les marchandises importées sont de première nécessité.

Les articles dont l'importation a diminué sont ou des articles de luxe ou des marchandises que l'Europe ne peut actuellement produire en quantité suffisante (tissus de laine, ouvrages en métaux) ou bien qu'elle n'a pas les moyens de transporter (bois), ou encore dont l'exportation du pays de production est interdite.

L'Angleterre a accru sa part des articles pour lesquels le marché lui appartenait déjà (savons, bougies, fils, tissus de coton), elle n'a pas encore réussi à introduire en quantité appréciable des articles nouveaux. Le marché laine laissé libre par les Austro-Allemands est encore tout à prendre.

A signaler la grosse part prise par les sucres égyptiens qui, avant la guerre, n'avaient pas de place sur le marché marocain.

Mouvement des importations par port.

Kénitra. — Le port de Kénitra a importé pendant le 1er semestre 1915 pour une valeur de francs	8.867.224
alors qu'il recevait.	1.236.380
de marchandises pendant la même période de 1914 :	7.630.844

Cette augmentation porte sur tous les articles, mais plus spécialement sur les sucres, vins, conserves, farines, légumes secs et autres farineux, matériaux de construction, tissus de coton, de laine, de soie, ouvrages en métaux.

Rabat. — Le chiffre des importations pour le port de Rabat s'est accru de 145.230 francs.

Fedalah. — Dont les travaux ont été ralentis, a importé, pendant la période envisagée, 25.771 francs contre 191.860 en 1914.

Casablanca. — Les importations par Casablanca qui étaient de 30.271.927 en 1914 (1er semestre), n'atteignent que 28.058.474 en 1915. Kénitra a sans doute bénéficié de cette différence qui porte principalement sur les céréales, grains et farines, bois, matériaux de construction, confections et ouvrages en métaux.

Saffi. — Le port de Saffi est celui qui a vu décroître dans de fortes proportions le chiffre de ses importations : 4.958.170 francs pour le premier semestre 1914, contre 8.726.560 francs en 1914. La diminution est de 3.768.390 francs ; elle porte sur tous les articles, sauf sur les sucres.

Les principaux articles en diminution sont : Grains et farines, bois et boissons, bougies, verrerie, métaux, tissus de coton, de laine et de soie, ouvrages en métaux et en bois.

Mogador. — Enfin, Mogador voit passer ses importations de 7.794.968 francs en 1914 à 7.950.367 fr. en 1915, soit une augmentation de 155.399 francs qui est due aux sucres dont l'importation a doublé à Mogador. Il y a eu, au contraire, diminution sur de nombreux articles, tels que céréales, grains et farine, verrerie, tissus de coton, de laine, ouvrages en métaux et en bois.

Exportations.

Les exportations ont atteint en zone française pendant le premier semestre 1915.	12.858.571 fr.
et en 1914.	8.152.520
Soit une différence de . . .	4.706.520 fr.
en faveur de 1915.	

Cette plus-value ne pourra que s'accentuer jusqu'en fin d'année, la récolte des grains étant satisfaisante.

Ces exportations ont toutes été faites à destination des pays alliés.

La lutte économique au Maroc contre le commerce austro-allemand.

Les quelques indications données plus haut mettent en relief la place laissée vacante par suite de la guerre par le commerce austro-allemand dans les colonies. Dans la conférence à laquelle nous avons puisé maints précieux renseignements, M. de Tarde expose « le plan de campagne » commercial conçu pour conquérir la situation abandonnée par l'Autriche et l'Allemagne au Maroc. « Dès le lendemain de la déclaration de guerre, tous les Austro-Allemands du Maroc une fois rassemblés dans des camps de concentration, tous leurs postes commerciaux abandonnés, une place était à prendre. Place moins importante qu'on aurait pu croire tout d'abord (les rapports du Contrôle et de la Dette montrent que la part de l'Allemagne et de l'Autriche dans le commerce total du Maroc ne dépassait pas 11 à 12 0/0), oui, mais place bien outillée, bien armée. Car si, tout compte fait, les résultats financiers globaux du commerce allemand n'étaient pas si merveilleux, il ne faut pas oublier que ces chiffres médiocres, appliqués à des petits articles d'une infime valeur, représentaient une grande diffusion de produits et par suite d'influence. Il brillait moins par ses résultats pratiques que par ses résultats moraux et l'organisation commerciale, j'allais dire militaire qu'ils supposaient. Cette place de commerce et de guerre, il fallait à tout prix la prendre.

« Une enquête très minutieuse menée dans tout le Maroc nous révéla tout d'abord, avec une clarté parfaite, ce système commercial allemand, qu'on retrouve avec les mêmes traits essentiels dans tous les pays du monde. Il repose, en somme, sur deux idées premières que tout Allemand avait ancrées dans la tête :

« 1° Tout produit allemand vendu dans un pays étranger représente une victoire politique de l'Allemagne ;

« 2° Tout gain sur une vente si minime soit-elle a une valeur en soi ; il suffit de multiplier les ventes pour obtenir des bénéfices. »

Les procédés de l'ennemi connus, il n'y avait plus qu'à les faire connaître à nos compatriotes et surtout à faire connaître à ces derniers ce que l'Allemagne importait dans notre Protectorat. De là l'idée d'une Exposition à Casablanca, exposition pour laquelle, au début, on ne prévoyait qu'un essor bien modeste et qu'un but restreint : celui de faire connaître, d'une part, au commerce local les produits métropolitains et, d'autre part, aux commerçants et industriels français les ressources du pays. Mais, par suite des conditions favorables dans lesquelles se trouve le Maroc, l'Exposition de Casablanca s'est trouvée de beaucoup dépasser les espérances, elle est devenue une grande manifestation marocaine, elle a rendu comme tangible, aux regards de tous, les remarquables résultats économiques obtenus pendant la guerre même. Aux yeux des indigènes, elle a montré que la France était une puissance que la guerre n'annihilait pas ; aux yeux de nos alliés et neutres elle a démontré une fois de plus que notre race savait coloniser, même au milieu des plus fortes calamités ; aux yeux de l'ennemi elle a été un défi cinglant à ses ambitions avouées et inassouvies ; enfin, aux yeux de tous les soldats qui, loin des leurs, loin des lignes de feu du Nord, de Champagne, de Lorraine et d'Alsace font tout leur devoir, le succès de l'Exposition a été en fin de compte comme leur œuvre puisque si l'on a « tenu » c'est grâce à leurs « constants efforts ».

Depuis septembre 1915, la ruche continue son travail. Lorsque l'heure de la paix sonnera, tous les labeurs entrepris par les nôtres apporteront des fruits inappréciables. Ce que le protectorat a cherché tout en s'assurant la collaboration loyale des indigènes, c'est, ainsi que l'écrivait dernièrement M. René Moulin : « Développer le Maroc, aménager l'édifice, faire sortir le joyau de sa gangue » ; ce but sera atteint.

V

LE CHEMIN DE FER DE TANGER A FEZ (1)

La construction de la ligne Tanger-Fez constituera l'acte le plus décisif de l'évolution du Maroc. Elle sera le plus vivant symbole de l'emprise occidentale. En ce qui concerne la France plus particulièrement, elle apparaît comme le signal tant attendu d'une liberté d'expansion par le rail, dans la partie de l'empire chérifien dévolue à notre influence. Nous ne pouvions, en effet, mettre en adjudication aucune voie ferrée avant celle-là.

Ainsi donc s'ouvre l'ère du chemin de fer qui va apparaître dans l'immobilité séculaire du Maghreb comme le plus définitif appel à la vie et à la richesse.

On ne saurait trop souligner l'importance d'un tel événement à une époque où si peu de contrées —

(1) Rapport sur le chemin de fer Tanger-Fez (1914).

même parmi les plus éloignées — avaient réussi à échapper aux lois du progrès.

On s'est demandé parfois pourquoi, alors qu'à tous les carrefours du monde étaient surgies d'accueillantes et utiles métropoles, Port-Saïd, Suez, Singapore, demain Colon et Panama, seul semblait maudit Gibraltar, Gibraltar où longtemps la vie maritime s'inscrivit entre les canons d'une forteresse et les cachots d'un bagne. Il faut en chercher la cause première dans la profonde inertie de l'Islam offensé. Maître longtemps des destinées de l'Afrique du Nord et d'une partie de l'Europe, il s'était, au lendemain de sa défaite, replié farouchement sur lui-même, et le génie de l'Occident trouvait encore dans ce vaincu une formidable barrière à son expansion.

Et cependant, si Gibraltar, malgré la douceur accueillante de son climat, restait hostile au développement économique, de l'autre côté du détroit, Tanger la bleue, dans son admirable situation géographique, en vue des côtes d'Espagne, à la rencontre de l'Atlantique et de la Méditerranée, à l'extrémité septentrionale du Maghreb, tentait obstinément le désir de l'Europe. Avant toute autre ville de l'empire chérifien, elle s'était trouvée en contact avec notre civilisation.

En 1471 les Portugais l'occupaient ; en 1662, ils la cédaient à l'Angleterre qui l'abandonnait peu après en 1684. Tout en conservant le caractère pittoresque qu'elle doit à une côte escarpée et harmonieusement découpée, elle tendait à devenir une ville européenne presque autant qu'arabe et de nombreuses colonies étrangères s'y installaient.

Au point de vue diplomatique, Tanger dès le début du XIXe siècle commença à s'indiquer comme le siège d'une représentation permanente. Jusqu'alors les consuls européens avaient séjourné un peu au hasard dans les différents ports de la côte. C'est ainsi qu'au XVIIIe siècle ils résidaient à Salé puis à Safi. C'est à Safi que le père d'André Chénier représenta longtemps les intérêts français. Par sa proximité de l'Europe, par l'importance de sa population étrangère, Tanger s'imposa peu à peu : des consulats généraux et des légations y furent créés. Vers le milieu du XIXe siècle, en raison de l'accroissement de ses relations avec les puissances étrangères, le Sultan envoyait à Tanger un représentant qui, avec plus d'autorité et plus de pouvoir que le pachat local, avait qualité pour traiter les ministres ou consuls généraux, et relevait directement de lui.

Tanger prenait rang de capitale diplomatique. Elle allait même devenir un peu, après l'acte d'Algésiras, la capitale administrative, par la création des conseils et comités dans lesquels les légations devaient être représentées. Depuis l'établissement du protectorat français au Maroc, les légations ont presque toutes été transformées en agences et consulats généraux, Tanger demeurant cependant le siège des comités internationaux tels que ceux des travaux publics et des adjudications. Les puissances ayant des agents de carrière à Tanger sont au nombre de onze : France, Espagne, Allemagne, Grande-Bretagne, Belgique, Autriche-Hongrie, Russie, Italie, Etats-Unis, Portugal, Hollande.

∴

Il est indispensable, après cet exposé sommaire et historique de l'histoire de Tanger, d'indiquer les textes diplomatiques qui fixent la situation actuelle de cette ville par rapport à l'ensemble du Maroc. Les voici :

Déclaration franco-anglaise relative à l'Egypte et au Maroc
(8 avril 1904).

. . . .

ARTICLE 7

Afin d'assurer le libre passage du détroit de Gibraltar, les deux Gouvernements conviennent de ne pas laisser élever des fortifications ou des ouvrages stratégiques quelconques sur la partie de la côte marocaine comprise entre Melilla et les hauteurs qui dominent la rive droite du Sebou exclusivement.

Toutefois, cette disposition ne s'applique pas aux points actuellement occupés par l'Espagne sur la rive marocaine de la Méditerranée.

Convention franco-espagnole du 3 octobre 1914

. . . .

ARTICLE 9

La ville de Tanger gardera le caractère spécial que lui donnent la présence du corps diplomatique et ses institutions municipales et sanitaires.

Lettres échangées entre l'Ambassadeur de la République française en Espagne et le Ministre d'Etat au sujet des affaires marocaines (1er septembre 1905).

M. Montero Rios, Ministre d'Etat,
à M. l'Ambassadeur de la République française à Madrid.

Saint Sébastien, le 1er septembre 1905.

I. — POLICE DES PORTS

.....En ce qui concerne le port de Tanger, en raison des stipulations de l'article 9 du traité du 3 octobre 1904, il est convenu que la police de cette ville sera confiée à un corps franco-espagnol commandé par un Français. Ce régime sera soumis à révision à l'expiration de la période de quinze ans prévue à la convention du 3 octobre 1904.

Lettres échangées entre M. de Kiderlen-Waechter, Secrétaire d'Etat des Affaires étrangères de l'Empire d'Allemagne et M. Jules Cambon, ambassadeur de la République française à Berlin.

Berlin, le 4 novembre 1911.

M. de Kiderlen-Waechter,

à M. Jules Cambon.

. . . . (Le Gouvernement allemand) : . . .
Il compte également que la mise en adjudication du chemin de fer de Tanger à Fez, qui intéresse toutes les nations, ne sera pas primée par la mise en adjudication des travaux d'un autre chemin de fer marocain...

Convention franco-espagnole du 27 novembre 1912.

ARTICLE PREMIER

. . . .

Le Gouvernement de Sa Majesté le roi d'Espagne veillera à l'observation des traités et spécialement des clauses économiques et commerciales insérées dans l'accord franco-allemand du 4 novembre 1911.

. . . .

ARTICLE 6

Afin d'assurer le libre passage du détroit de Gibraltar, les deux Gouvernements conviennent de ne pas laisser élever de fortifications et d'ouvrages stratégiques quelconques sur la partie de la côte marocaine visée par l'article 7 de la déclaration franco-anglaise du 8 avril 1904 et par l'article 14 de la convention franco-espagnole du 3 octobre de la même année et comprise dans les sphères d'influence respectives.

Article 7

La ville de Tanger et sa banlieue seront dotées d'un régime spécial qui sera déterminé ultérieurement ; elles formeront une zone comprise dans les limites décrites ci-après :

Partant de Punta-Altares sur la côte sud du détroit de Gibraltar, la frontière se dirigea en ligne droite sur la crète du Djebel Beni-Mayimel, laissant à l'ouest le village appelé Dxar-ez-Zeitun, et suivra ensuite la ligne des limites entre le Fahs d'un côté et les tribus de l'Anjera et de Oued Ras de l'autre côté jusqu'à la rencontro de l'ouest Es-Seghir. De là, la frontière suivra le thalweg de l'ouest Es-Seggir, puis ceux des oueds M'harhar et Tzahadartz jusqu'à la mer.

Le tout conformément au tracé indiqué sur la carte de l'état-major espagnol, qui a pour titre : « Croquis del Imperio de Marruecos » à l'échelle de 1/100.000e, édition de 1906.

*
* *

La situation faite à la France par les accords internationaux en ce qui concerne Tanger ne saurait à aucun degré nous autoriser à nous désintéresser de l'avenir de ce port.

Le rôle d'ordre politique, administratif et financier que nous sommes, de par ces traités, en droit d'y exercer, la prééminence économique dont nous y jouissons, la situation exceptionnelle qui en fait un « lieu souverain », tout commande à notre pays de participer au rôle mondial auquel est appelé Tanger, « ville angulaire du continent d'Afrique ».

On sait combien, en dépit des actes internationaux divisant politiquement l'empire chérifien en trois compartiments : zone française, zone espagnole, zone tangéroise, le Maroc est demeuré, au point de vue géographique et ethnique, un tout, dont Tanger reste la porte naturelle. De Fez à Oran la distance est de 550 kilomètres et de 350 kilomètres de Fez à Nemours ; elle est de 250 kilomètres à peine de Fez à Tanger : toute la région orientale et septentrionale du Maroc ne saurait avoir, de longtemps, d'autre débouché que Tanger.

Ainsi que s'est attaché à le démontrer récemment dans la *Revue des Sciences* M. Georges Porché, ingénieur en chef des ponts et chaussées au Maroc, il ne paraît pas y avoir lieu de redouter les effets d'une concurrence fâcheuse de la part de Tanger à l'égard tant des ports marocains de l'Atlantique que de ceux de l'Algérie : les distances qui les séparent, d'une part ; de l'autre, la différenciation des besoins auquel répond chacun d'eux en particulier, permettent plutôt d'envisager leur rôle sous l'aspect d'une « collaboration », les uns, ceux de l'Atlantique, étant destinés à tirer leur trafic de l'exportation, Tanger étant appelée de son côté à devenir principalement un grand port d'importation.

Cette manière de voir apparaît frappante en ce qui concerne le port de Casablanca lui-même, alimenté il est vrai jusqu'à présent par les importations, mais dont l'orientation commerciale, rendue factice par suite des transports de troupes et d'immigrants dont il a bénéficié, est de nature à se modifier à mesure que le trafic y revêtira un caractère plus normal et que les voies de communication y feront converger les produits des régions voisines.

L'avenir ne paraît pas par contre devoir faire de Tanger un port d'exportation. Les produits lourds — céréales et minerais — qui constitueront en majeure partie le trafic marocain à la sortie en seront écartés par suite des tarifs élevés du transport par voie ferrée et se porteront vers les ports atlantiques les plus rapprochés. Pour la même raison, ces ports continueront à importer les produits pauvres et pondéreux venus d'Europe, tels que les matériaux de construction.

Aussi bien, il ne dépend pas de la France de disposer des possibilités économiques de Tanger. Y resterait elle inactive que ses rivaux en matière commerciale se garderaient d'observer pareille attitude et n'hésiteraient pas à déployer sans tarder tout l'effort nécessaire pour faire tourner à leur profit l'intérêt primordial qu'emprunte la ville de Tanger à sa position géographique unique, à son accès maritime toujours aisé et à son activité jamais interrompue.

La construction à Tanger d'un port pourvu de l'outillage moderne apparaît évidemment comme le complément indispensable de la voie ferrée Tanger-Fez. Cette nécessité n'avait d'ailleurs pas échappé à la Commission technique constituée en 1912 par le Gouvernement français pour examiner les conditions d'établissements maritimes sur les côtes du Maroc.

Un tel aménagement n'aura pas seulement le mérite de doter le railway d'une tête de ligne d'une incomparable vitalité ; il donnera, en outre, le moyen de « décongestionner » les ports de la côte atlantique. Il permettra de plus d'assurer avec le transport rapide des voyageurs le service des courriers postaux quotidiens avec le Maroc.

Livrée au seul jeu des forces économiques, nul doute que Tanger ne fût devenue port français. L'importance des intérêts qu'y possède d'ores et déjà la France suffirait, en tout état de cause, pour lui tracer le rôle qu'il lui appartient de jouer.

La valeur du commerce qu'elle y effectue dépasse 10 millions 1/2 ; le pourcentage français du commerce total est de 41 0/0, supérieur à celui même de l'Angleterre. Enfin dans ce port, qui bénéficie de la moitié de la fréquentation maritime totale du Maroc, le pavillon français est représenté, tant pour le nombre des navires qne pour le tonnage de jauge, plus que dans tous les autres ports du Maroc.

Aussi est-il vrai de dire que Tanger est restée, en dépit des circonstances contraires, le second port français de l'empire chérifien.

L'on ne saurait négliger davantage l'appoint considérable des propriétés françaises de la ville. Il représente, pour les immeubles, environ 12 millions, soit 40 0/0 du total des bâtiments européens, et pour les terrains à bâtir, une valeur supérieure à 30 millions.

Il faut ajouter à cela un grand nombre de maisons de commerce et d'entreprises françaises.

Parmi les grands établissements publics français on peut mentionner, en outre de la résidence de France, l'hôpital français qui va être prochainement agrandi et représentera une valeur de plus de 500.000 francs ; l'institut Pasteur, le collège français, plusieurs écoles primaires et secondaires pour filles et garçons, un dispensaire, une mission scientifique, et enfin la poste française.

La simple énumération des grands services publics suffit à faire apparaître la part prépondérante de l'élément français.

La Banque d'Etat du Maroc comporte une direction française.

Le Contrôle de la Dette est exclusivement français.

Le service des travaux publics est dirigé par un ingénieur français assisté d'un adjoint espagnol et d'un personnel franco-espagnol. Dans le comité spécial des travaux publics, comme dans la commission générale des adjudications, l'élément français est destiné à prédominer nettement.

De même pour la commission d'hygiène.

Les télégraphes chérifiens sont dirigés par un Français avec un personnel français et indigène.

Le service vétérinaire est dirigé par un Français.

La société du port sera également rangée sous l'influence française.

La population, qui est de 45 à 50.000 habitants, comprend 15.000 Européens, dont 10.000 Espagnols. Les Français, au nombre de 3.000, viennent au second rang, mais sont mis à même, par la situation de fait qu'ils occupent, on vient de le voir, au point de vue social et financier, de faire prédominer l'influence française.

Aussi bien, la langue française est celle de toutes les administrations ; elle gagne chaque jour du terrain. Trois journaux en langue française se publient à Tanger, sans compter quelques feuilles spéciales.

Les sociétés françaises sont très nombreuses.

Par tout ce qui précède, on peut juger combien vivaces sont les intérêts économiques de France à Tanger, combien profonde son entreprise morale. La force d'influence déjà acquise, chaque jour accrue par la nature même des choses, ne cesse de se développer, de l'opinion même des étrangers qui sont les témoins de sa rapide progression. Il est sans doute peu de villes étrangères en dehors de l'Europe où la France possède une situation locale lui créant autant de droits et d'obligations. Il n'en est pas qui constitue plus complètement que Tanger un « point du monde ». La France ne peut pas s'en désintéresser.

LIVRE IV

POLITIQUE MUSULMANE

I

LE RÉVEIL DE L'ISLAM

Le chérif de la Mecque a levé l'étendard de l'indépendance arabe contre les Turcs. Le Hedjaz, berceau de l'Islam, secoue le joug des envahisseurs. La Ville Sainte, où, chaque année, des milliers de musulmans vont prier, est libre ; les officiers et les soldats ottomans se sont rendus, avec les cités de la Mecque et de Djedda, aux troupes chérifiennes. Médine, la Medinet-el-Nabi, la ville du prophète, a succombé à son tour. Le monde arabe prend les armes pour se libérer de l'emprise germano-turque. Il se révolte le premier, parmi les musulmans, et cela est conforme à l'histoire même de l'Orient. En effet, nul plus que lui entre les peuples orientaux ne fut jaloux de son indépendance. Le « peuple de la toile », comme se nomment les Arabes, a la haine de l'Osmanli, habitant des villes. Malgré la communauté de religion règne depuis longtemps un antagonisme latent entre le Turc et l'Arabe. Cette inimitié tient à la différence de race et de langue et aux mesures oppressives prises par les Ottomans contre les libertés séculaires des habitants du Hedjaz et du Yemen. Bien que pendant longtemps la domination de la Turquie sur l'Arabie n'ait été que nominale, elle pesait cependant lourdement sur les épaules des Arabes.

Déjà en 1803, les gens du Hedjaz s'étaient emparés de la Mecque, de Médine et de Djedda et en avaient chassé les Turcs. Cette révolte éphémère fut bientôt étouffée, et, depuis cette époque, si la puissance ottomane avait gardé la haute main sur les affaires arabes, ce ne fut, longtemps, qu'une sorte de contrôle éloigné. La domination turque se fit sentir plus fortement sous le sultan Abdul-Hamid, qui construisit le chemin de fer de la Mecque, réalisant ainsi son rêve d'hégémonie musulmane. Enfin, sous le régime jeune-turc, les oppresseurs se rendirent odieux par leurs brutalités et par leurs exactions.

*
* *

La révolte de l'Arabie, à l'appel et sous la direction du grand chérif de la Mecque, présente pour l'entente germano turque une double gravité ; c'est un mouvement intra-islamique d'une part, et c'est aussi, d'autre part, un soulèvement armé. A ce double point de vue, elle a de très importantes conséquences.

Mouvement intra-islamique, cette révolte répond à un trouble religieux profond que seuls les musulmans pouvaient, mais devaient ressentir et qui tient à la situation personnelle, dans le monde de l'Islam, du sultan de Constantinople. Devant l'orthodoxie musulmane, le sultan turc n'était qu'un usurpateur ; mais, avec le temps, son pouvoir s'était, pour ainsi dire, légitimé.

De plus, le sultan de Constantinople était le chef de l'Etat musulman le plus puissant, le seul qui fût admis dans le concert européen. Ayant l'indépendance et, toutes proportions gardées, la force, il était qualifié, selon les principes de l'Islam (abstraction faite de ses origines), pour prétendre au titre de Commandeur des Croyants. Durant longtemps chef religieux et chef militaire, il imposa son khalifat usurpé. Son asservissement vient de détruire les prétentions qu'il finissait par faire accepter. Devenu l'humble vassal de l'Allemagne, la Turquie a perdu son indépendance et, depuis que ses armées reculent devant les Russes, elle voit ses forces s'épuiser rapidement. De quel droit le sultan de Constantinople, esclave des Roumis, et n'ayant plus qu'un pouvoir débile, pourrait-il continuer à se prétendre le chef des croyants ? C'est contre cette usurpation, cette violation de la doctrine religieuse coranique que le grand chérif de la Mecque s'élève avec tout le prestige que lui confère sa grande autorité.

∴

C'est là un événement intra-islamique dont les répercussions sont et seront considérables. Soulèvement armé, car le grand chérif de la Mecque ne s'en est pas tenu à une déclaration de principe, il a donné à sa protestation le caractère d'un appel aux armes. Sans doute, il ne dispose encore que de ressources militaires peu étendues, mais il vient de les fortifier à l'aide du matériel de guerre pris aux Turcs et, chaque jour, à son appel, les tribus arabes se joignent à ses contingents. Un mouvement religieux s'éveille et avive les rancunes de races conservées par les Arabes à l'égard des Turcs. Ces rancunes, demeurées vivaces, s'étaient ranimées dans ces dernières années, à la suite de mesures imprudentes prises par les Jeunes-Turcs, et parmi lesquelles il faut citer, en particulier, la traduction, en langue turque, du Coran, dont le texte arabe ne doit jamais, selon la foi musulmane, être traduit. Ces haines ont été excitées davantage par les exécutions, ordonnées par Enver pacha, de notables musulmans d'origine arabe. Tel est ce soulèvement armé que les Turcs ne pourront que très difficilement maîtriser. Le chemin de fer de Médine a été coupé et, pour constituer un nouveau front, on ne voit pas bien comment les Ottomans pourront réunir le matériel et les effectifs nécessaires.

Le soulèvement arabe et l'occupation des villes sacrées de l'Islam auront à bref délai des répercussions profondes dans le monde musulman. La voix du grand chérif de la Mecque vient de réduire à néant les espoirs qu'avait fondés l'Allemagne sur la déclaration de guerre sainte lancée par le sultan de Stamboul. L'Islam lui-même se range du côté des Alliés.

II

POLITIQUE MUSULMANE

Le 4 juillet 1830, au matin, Hussein, dey d'Alger, remettait les clés de la vieille cité barbaresque au maréchal de Bourmont. A dater de ce jour, la France devenait une puissance musulmane. Certes, depuis les temps reculés de son histoire, notre pays avait eu maints contacts avec l'Islam, mais jamais, à vrai dire, il n'avait eu à gérer les intérêts des populations mahométanes. Les choses de l'Islam revêtaient pour nos ancêtres la parure éclatante et quelque peu mystérieuse de l'Orient, l'Orient d'Haroun al Réchid et de la sultane Shéhérazade, des générosités de l'émir Saladhine et des ironies du jeune voyageur des *Lettres persanes*, l'Orient des mamelucks du Caire. Depuis la conquête d'Alger, au contraire, la France ne se trouve plus en présence d'un pays de poésie et de rêve, mais devant ce difficile problème, concret et précis : comment déterminer la meilleure politique à suivre à l'égard des populations musulmanes qui vivent sous notre égide ?

L'Islam est devenu un monde ; aux quelques milliers d'Algérois se sont joints, au fur et à mesure de l'évolution de l'expansion coloniale française, les quatre millions de musulmans d'Algérie, la population de la Tunisie, les races islamisées de nos territoires de l'Afrique Occidentale et celles des sultanats de l'Afrique Equatoriale, les Berbères du Maroc, les Arabes de Mayotte, les musulmans de notre Côte des Somalis, puis les groupements mahométans du nord de notre Indo-Chine et tous ceux disséminés dans nos autres possessions. On n'exagère pas en déclarant que la France compte parmi ses sujets une trentaine de millions de musulmans. Combien divers cependant dans ses aspects est l'Islam français : au lettré des Universités de Kairouan et de Fez, s'oppose le noir islamisé des rives du Sénégal et du Niger. Côte à côte avec le fellah laborieux et économe de la Kabylie, de la Kroumirye ou de la Chaouïa, vivent le montagnard riffain et le touareg toujours prêts à prendre part à quelque rezzou. Si une partie de nos sujets musulmans est susceptiblepar son éducation et par suite d'un étroit contact avec nos mœurs et nos méthodes de s'adapter à notre civilisation, combien d'autres ne peuvent être dirigés qu'avec une extrême prudence.

Le problème est singulièrement complexe et la détermination de la meilleure politique musulmane peut être comparée à une œuvre d'art délicate où il est nécessaire d'assembler des matériaux très différents les uns des autres pour obtenir un ensemble harmonieux dans sa diversité même. A maintes reprises, j'ai signalé qu'en matière de politique musulmane l'unité de vues ne devait pas impliquer l'uniformité. C'est ce vers quoi, à mon sens, doivent tendre tous les efforts, car c'est à cette constatation que nous a amené et nous amène l'étude de notre politique musulmane et des expériences trop nombreuses, hélas ! qne nous n'avons cessé de poursuivre dans les pays mahométans soumis à l'obédience de la France.

La guerre a eu des répercussions profondes sur l'Islam. A la voix du Khalif de Constantinople, les Turcs ont levé l'étendard de la guerre sainte et cependant les populations musulmanes des Alliés sont restées fidèles. Bien plus, le grand chérif de la Mecque s'est révolté contre l'ingérence turco-germanique et le monde musulman n'ignore point que le sultan de la Corne d'Or a lancé une fetoua de Djidah, qui n'est qu'un chiffon de papier sans nulle valeur. Cependant on ne peut nier que les temps présents aient profondément modifié l'esprit de nos populations mahométanes, et l'heure paraît singulièrement propice pour se demander à nouveau quelle devra être notre politique musulmane au lendemain des hostilités.

L'histoire seule de l'Algérie montre combien diverse et combien incohérente a été la politique musulmane française. Tantôt arabophobe, tantôt arabophile, cette politique s'est, durant de longues années, complue à ce jeu de bascule ; au régime militaire a succédé la coaception du royaume arabe, puis ensuite les bureaux arabes ont laissé la place aux municipalités, mais jusqu'à ces derniers temps aucun effort n'avait été réellement tenté pour dégager les principes d'une politique indigène adéquate aux mœurs, aux aspirations et à la mentalité de nos sujets algériens.

Peu à peu, à mesure que nous devenions une grande puissance coloniale, les leçons de l'expérience nous conduisaient à appliquer les principes nouveaux. Les résultats remarquables obtenus dans la Tunisie et les efforts couronnés de succès de Galliéni, de Roume et de Lyautey dans nos autres colonies ont amené à la conception d'une politique musulmane plus rationnelle, où, par degré, mais d'une façon toujours plus étendue, les populations indigènes seraient appelées à collaborer et à s'associer avec nous à l'œuvre commune. Mais où le problème revêt le caractère plus ardu, c'est lorsqu'il s'agit de rechercher comment associer le mieux telle ou telle population mahométane à notre action.

C'est un fait connu de tous qu'en Algérie la question musulmane se réduit à une revendication de droits et au désir d'accéder à des fonctions électives qui permettent le contrôle de l'administration ; dans cette colonie, nos sujets musulmans prennent conscience de leur rôle dans la gestion des affaires publiques, ils ne veuleut plus que leurs mandants soient réduits à jouer des personnages de figuration dans les assemblées élues. Ailleurs, en Tunisie, des esprits éclairés ont réclamé une part plus grande pour l'élite musulmane dans le pacte d'association conclu entre la France et la Régence ; au Maroc, il s'agit d'établir comme une transition entre le régime moyenageux de l'ancien Mahkzen et l'éveil de cette terre africaine aux nécessités pratiques de la vie moderne ; enfin, là-bas, dans les contrées du Centre africain, l'Islam, qui se trouve en contact étroit avec des races et des civilisations très diversifiées, tend, malgré tout, à se superposer à ces divergences de populations et d'intérêts, à grouper en de « grands commandements » ces peuplades et à servir d'intermédiaire entre l'administration française et les collectivités indigènes. Or, s'il est indéniable que ce serait une faute politique de comprimer brutalement les revendications légitimes de nos sujets musulmans de l'Afrique du Nord, avides d'une collaboration plus étroite à l'œuvre que nous poursuivons, on risquerait gros en Afrique Occidentale à uniformiser une politique musulmane qui, dans ces contrées, ne se conçoit que particulariste.

Cela ne veut pas dire qu'il n'existe pas entre tous nos sujets musulmans un lien à la fois juridique et religieux, ce serait nier l'Islam. Dans ce domaine, nous devons évidemment pratiquer vis-à-vis de lui une règle générale de conduite, mais cependant notre politique doit se plier aux circonstances et aux contingences, jamais identiques, au milieu desquelles elle est appelée à jouer.

*
* *

Les événements actuels auraient pu provoquer dans l'Islam français une crise, ils ont simplement offert à nos sujets l'occasion de faire preuve de leur loyalisme. Les mahométans français ont, au cours de la guerre, donné de magnifiques témoignages de leur affection pour la mère-patrie, le sang des leurs a coulé et coule partout où les troupes françaises se battent et les soldats africains ont recueilli sur les champs de bataille maints lauriers. L'Algérie a fourni comme appoint à la Défense nationale plus de 80.000 indigènes, dont 40.000 engagés volontaires, la Tunisie a donné 33.000 soldats tunisiens, le Maroc plus de 10.000 guerriers. Dans nos régiments de tirailleurs noirs, nombreux sont les indigènes musulmans. Aux contingents militaires, il faut ajouter ceux des travailleurs coloniaux dont l'armée pacifique, mais destinée aux usines de guerre, grossit chaque jour. Devant l'élan avec lequel nos populations musulmanes ont répondu à l'appel de la mère-patrie, on mesure la dette sacrée que nous avons contractée envers nos sujets. Comment paierons-nous cette dette ? Toute la question de la politique future que la France devra s'appliquer à suivre en terres islamiques se résume ici.

Il est certain que la guerre a profondément modifié l'esprit de milliers et de milliers de nos sujets de l'Afrique du Nord et de l'Afrique Occidentale ; lorsque nos soldats indigènes reviendront chez eux, après de longs mois passés au milieu de notre population et des troupes métropolitaines, ils seront enrichis de sentiments nouveaux. C'est avec raison que l'on a écrit : « D'instinctifs, un certain nombre de nos soldats indigènes sont devenus raisonneurs et observateurs. Ils réagissent maintenant contre leurs impulsions. Leur élite s'est affinée ». Ce seront des hommes nouveaux qui regagneront après la guerre les douars et les villes africaines.

A cet état de choses imprévu, il est de notre devoir de rechercher des solutions nouvelles. Il nous faudra développer dans des proportions encore inconnues notre politique d'association à peine ébauchée, il faudra trouver les modalités d'application de ce principe si fécond en résultats. Telle est la tâche de demain. Mais dès aujourd'hui notre activité doit s'efforcer de donner d'heureuses solutions aux multiples problèmes nés de la guerre même, entre autres celui de l'éducation de milliers d'orphelins musulmans dont les pères sont morts pour la défense de notre sol ; les laissera-t-on aller sans aide ni soutien ou créera-t-on, par des mesures maladroites, un prolétariat déshérité, dangereux à tous égards ?

Que faire également, de nos mutilés indigènes ? Comment développer pour l'après-guerre la main-d'œuvre coloniale dont le besoin sera impérieux. Enfin, dès maintenant, ne devons-nous pas chercher quels seront les moyens les plus favorables pour laisser évoluer, dans l'intérêt même de notre expansion coloniale, l'esprit nouveau qui est né chez nos sujets musulmans au cours de cette longue guerre ?

∴

On saisit combien nous devons porter une attention toute particulière aux questions musulmanes. Toute erreur de notre part dans ce domaine serait immédiatement exploitée par nos ennemis à notre détriment. Par un heureux concours de circonstances et surtout par suite d'une connaissance incomplète de l'orthodoxie islamique, nos rivaux n'ont pas obtenu en faisant proclamer la guerre sainte par le cheik de l'Islam de Turquie les résultats qu'ils cherchaient. Il ne s'est pas produit ce soulèvement entier du monde musulman contre l'Angleterre, la Russie et la France. Les Fetvas lancées du haut des minarets de Stamboul étaient entachées, en effet, d'un vice fondamental : la guerre sainte ne peut être que celle de l'Islam seul contre tous les chrétiens et non celle du bloc des Empires centraux contre les Etats de l'Entente. A Damas même, un Iman de la grande mosquée a déclaré : « Cette guerre sainte n'est pas une guerre sainte puisque nous sommes alliés aux deux puissances chrétiennes pour nous battre contre deux puissances chrétiennes ». A cette première erreur il y a lieu de rappeler que le sultan de Constantinople s'est affublé du manteau de khalife par une usurpation commise par Abd ul Hamid, car d'après la loi coranique ne peut être khalife qu'un descendant de la tribu arabe de Koreich, tribu au sein de laquelle naquit le Prophète. Ce sont ces erreurs jointes à la brutalité et aux exactions des Jeunes Turcs qui ont incité le grand chérif de la Mecque à se rebeller contre l'autorité ottomane et à libérer les villes saintes : La Mecque et Médine.

Nous devons profiter des fautes de nos ennemis, ne pas le faire serait impardonnable. Notre politique musulmane semble s'éveiller à la brutale réalité des faits. On s'est bien efforcé de donner à la Commission interministérielle des Affaires étrangères des moyens d'action plus efficaces en développant son rôle et en prévoyant l'introduction de conseillers légistes musulmans ; le Parlement a bien voté, malgré les difficultés de l'heure présente, un crédit de 500.000 francs pour la création à La Mecque et à Médine de deux hôtelleries destinées aux pélerins indigents originaires des possessions et des protectorats français d'Afrique ; une mission, enfin, est bien allée apporter les vœux et les encouragements du Gouvernement français au grand chérif de La Mecque. Ce sont là des indices favorables de l'évolution de notre politique musulmane vers des solutions pratiques, mais ce ne sont que de simples indices, qui ont à peine une valeur d'indication.

L'œuvre est singulièrement plus vaste. Le Parlement se doit d'étudier, dès à présent et dans leurs détails, les réformes urgentes qui pourront être introduites dans tous les domaines pour réaliser cette unité de vues plus que jamais nécessaire. Il faut coordonner les efforts poursuivis en matière de politique musulmane, faire cesser cette dispersion dans trois départements ministériels différents et souvent opposés et préparer, pour l'appliquer au lendemain même de la guerre, tout un plan de réformes administratives, juridiques, sociales et économiques destiné à nos fidèles et loyaux sujets musulmans. Les questions coloniales sont d'une importance capitale pour l'après-guerre ; celle de notre conduite vis-à-vis de l'Islam est primordiale.

FIN

TABLE DES MATIÈRES

LIBRAIRIE FÉLIX ALCAN

EXTRAIT DU CATALOGUE

GAFFAREL (P.). **La politique coloniale française de 1789 à 1830.** 1 vol. in-8 . . . . . . - . . . . 7 fr.

— **Les colonies françaises.** 6e éd. revue et augmentée. 1 vol. in-8 . . . . 5 fr.

— **Notre expansion coloniale en Afrique depuis 1870.** 1 vol. in-8o . . . . 5 fr.

GAISMANN (A.). **L'œuvre de la France au Tonkin.** Préface de J.-L. de Lanessan. 1 vol. in-16, avec 4 cartes en couleurs . . . . 3 fr. 50

GENTIL (L.). **Le Maroc physique.** 1 vol. in-16, avec cartes dans le texte. . . . . 3 fr. 50

HUBERT (L.). **L'Éveil d'un monde.** *L'œuvre de la France en Afrique Occidentale.* 1 vol. in-16 . . . . 3 fr. 50

— **Une politique coloniale.** 1 vol in-16 . . . . . 3 fr. 50

LANESSAN (J.-L). **La Tunisie.** 2e édition, avec une carte en couleurs. 1 vol. in-8 . . . . 5 fr.

LEROY-BEAULIEU (L.). **De la colonisation chez les peuples modernes.** 6e édition, 2 vol. in-8 . . . . 20 fr.

MONTEIL (le Colonel). **De Saint-Louis à Tripoli par le lac Tchad.** Préface de E. de Vogüé, de l'Académie française, 1895. 1 vol. gr. in-8, br. 20 fr. ; relié. . . . . 28 fr.

NOEL (Octave). **Histoire du commerce extérieur de la France.** 1 vol. in-8 . . . . 6 fr.

PERREAU-PRADIER et BESSON. **L'Afrique du nord et la guerre.** 1 vol. in-16 . . . . 3 fr. 50

PIOLET (J.-B). **La France hors de France.** *De notre émigration ; sa nécessité, sa condition.* 1 vol. in-8 . . . . 10 fr.

SCHEFER (Christian). **La France moderne et le problème colonial** (1815-1830). 1 vol. in-8 . . . . 7 fr.

SAINT-AMAND (CHER). — IMPRIMERIE BUSSIÈRE.

107 18. — Coulommiers. Imp. Paul BRODARD. 1-18.

www.ingramcontent.com/pod-product-compliance
Ingram Content Group UK Ltd.
Pitfield, Milton Keynes, MK11 3LW, UK
UKHW021049220726
13924UKWH00005B/2062